Inhalt

Unsere ABC-Reise 3
Schlag nach im Wörterbuch! 6
Wie kommt der Dino in das Dorf? 9
Bewegt sich das Taschentuch? 13
Im Baumhaus 14
Pizzadienst 15
Der Geist im Gartenhaus 16
Was ist in der Kiste? 17
Glücksrad 18
Wir drehen die Lostrommel 20
Würfelspiel 22
Körbe voller Wörter 24
Das lässt sich erklären 25
Memory mit ä - ö - ü 28
Wer hat sich da versteckt? 29
Komm, spiel mit mir! 31
So kann ich üben 33
Ballspiele 35
Wisst ihr, was die Mäuse träumen? 40
Wisst ihr, was die Eulen träumen? 42
Fingerspiele 45
Wir spielen Quartett 47
Was tun die Kinder am Badesee? 49
Bist du ein schlauer Fuchs? 52
Suchbild 54
Im Uhrenmuseum 56
Grundwortschatz. 58
Übersichten. 62

Das sagen dir die Symbole neben den Aufgaben:

	Sprich genau!	Wenn du beim Schreiben langsam und deutlich mitsprichst, kannst du viele Wörter richtig schreiben. („Mitsprechwörter") Du bist dann beim Schreiben dein eigener Pilot.
	Höre genau zu!	Genau sprechen – genau zuhören: beides gehört zusammen. Dieses Symbol erinnert dich daran, wenn das richtige Hinhören ganz besonders wichtig ist.
	Male die Silbenbögen!	Zuerst sprichst du das Wort in Silben und schwingst dabei mit der Schreibhand mit. Dann malst du die Silbenbögen. Das hilft dir, die Wörter genau zu sprechen und nichts zu überhören.
	Denke nach!	Bei manchen Wörtern kann man nicht genau hören, wie man sie schreibt. Hier hilft oft Nachdenken weiter, denn es gibt Regeln. („Nachdenkwörter")
	Diese Wörter musst du dir merken!	Hier gibt es Besonderheiten in der Schreibweise, die du dir genau anschauen und einprägen musst.
	Schau im Wörterbuch nach!	Die Wörter sind nach dem ABC geordnet.
	Schreibe!	Du schreibst in dieses Arbeitsheft oder – wenn das in der Aufgabe extra gesagt wird – in dein Schreibheft.
	Erzähle mit eigenen Worten!	Hier kannst du dir selbst etwas ausdenken und es aufschreiben. Du musst dabei nicht nur die Wörter aus den Aufgaben verwenden.
	Erzähle und spiele mit anderen gemeinsam!	Hier führen dich Erzählbilder und Spiele an die Aufgaben heran.

Unsere ABC-Reise

Ein ABC-Spiel mit Musik!

Wer kommt als nächster im ABC?

1 Trage die fehlenden Buchstaben an der richtigen Stelle ein!

2 Schreibe nun auch die kleinen Buchstaben darunter!

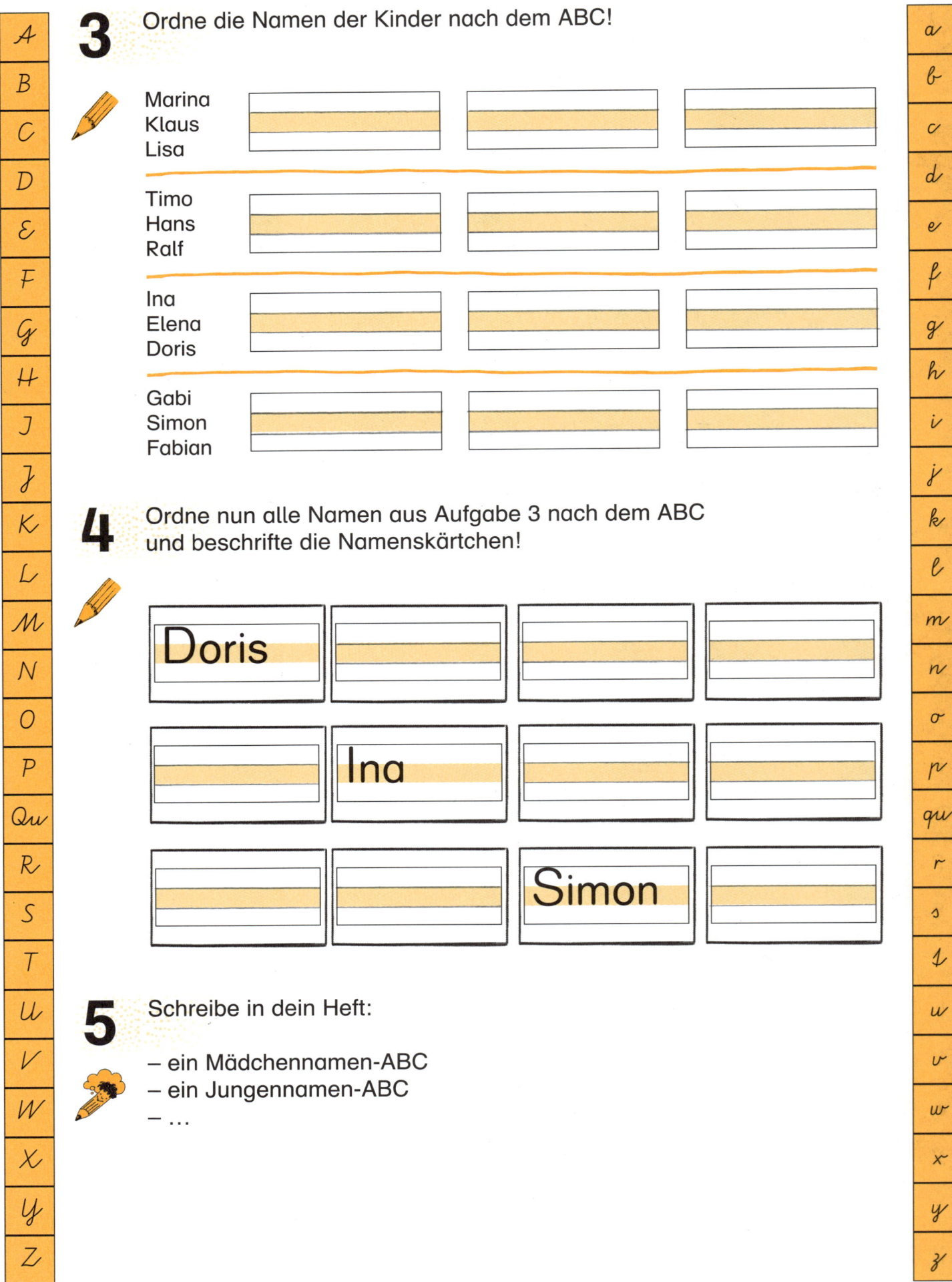

6 Eine Reise durch Europa: Ordne die Städtenamen nach dem ABC!

Rom · Paris · Oslo · München

Genf · Amsterdam · London · Berlin

7 Was nehmen Marina und Simon auf die Reise mit?
Schreibe die Dinge im Koffer nach dem ABC geordnet auf!
Trage dafür zuerst die Anfangsbuchstaben in die Kreise ein!

Schlag nach im Wörterbuch!

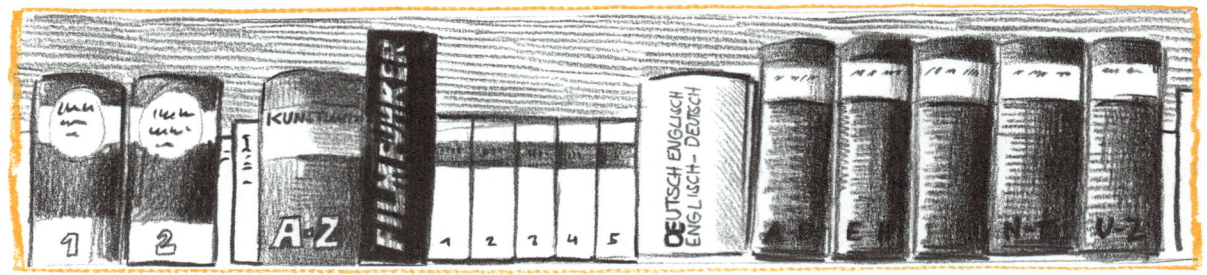

1 Welche Bücher kennst du, in denen Wörter nach dem ABC geordnet sind? Bringe sie mit!

2 Schlage die folgenden Wörter im Wörterbuch nach! Schreibe die Seite auf!

das Buch Seite: _____		die Birne Seite: _____	
der Saft Seite: _____		das Licht Seite: _____	
die Tafel Seite: _____		der Kalender Seite: _____	

3 Suche die Wörter zu den Bildern im Wörterbuch! Schreibe sie auf und markiere schwierige Stellen farbig!

 _____ Seite: _____

 _____ Seite: _____

 _____ Seite: _____

 _____ Seite: _____

Mein Wörterbuch

So schlage ich nach:

- Ich spreche das Wort genau.
- Ich höre auf den ersten Laut.
- Ich überlege, wo der erste Buchstabe im ABC zu finden ist.
- Ich schlage die Seite mit dem Buchstaben im Wörterbuch nach.
- Ich suche jetzt mein Wort.

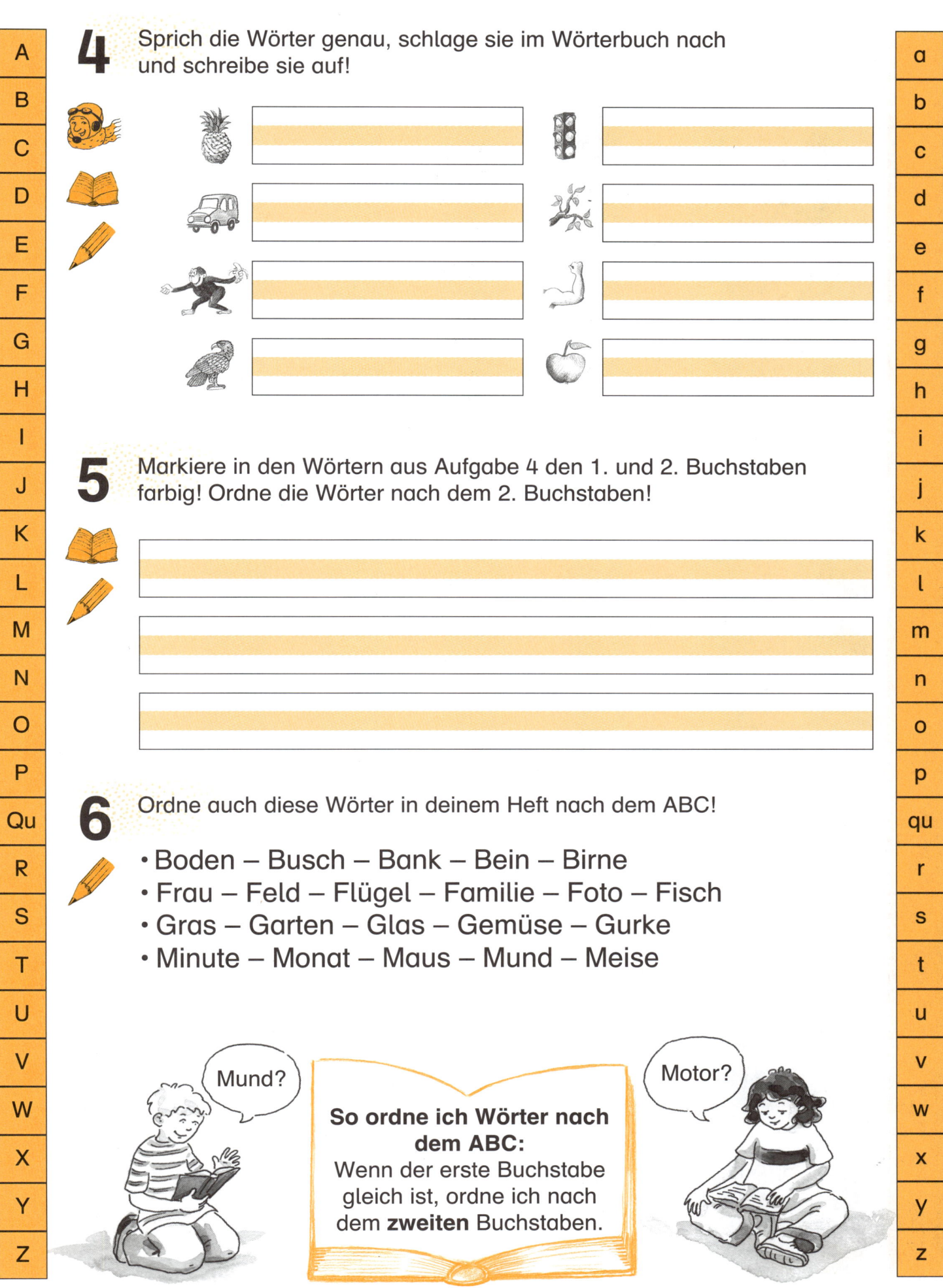

7 Nimm dein Wörterbuch und suche die Wörter zu den Bildern!
Schreibe sie richtig ab!

He**x**e

So schreibe ich richtig ab:

- Ich schaue mir das Wort genau an.
- Ich suche die schwierigen Stellen.
- Ich spreche in Silben.
- Ich merke mir das Wort.
- Ich schreibe das Wort.
- Ich kontrolliere es.

8 Suche weitere schwierige Namenwörter im Wörterbuch und schreibe sie in dein Heft!

Wie kommt der Dino in das Dorf?

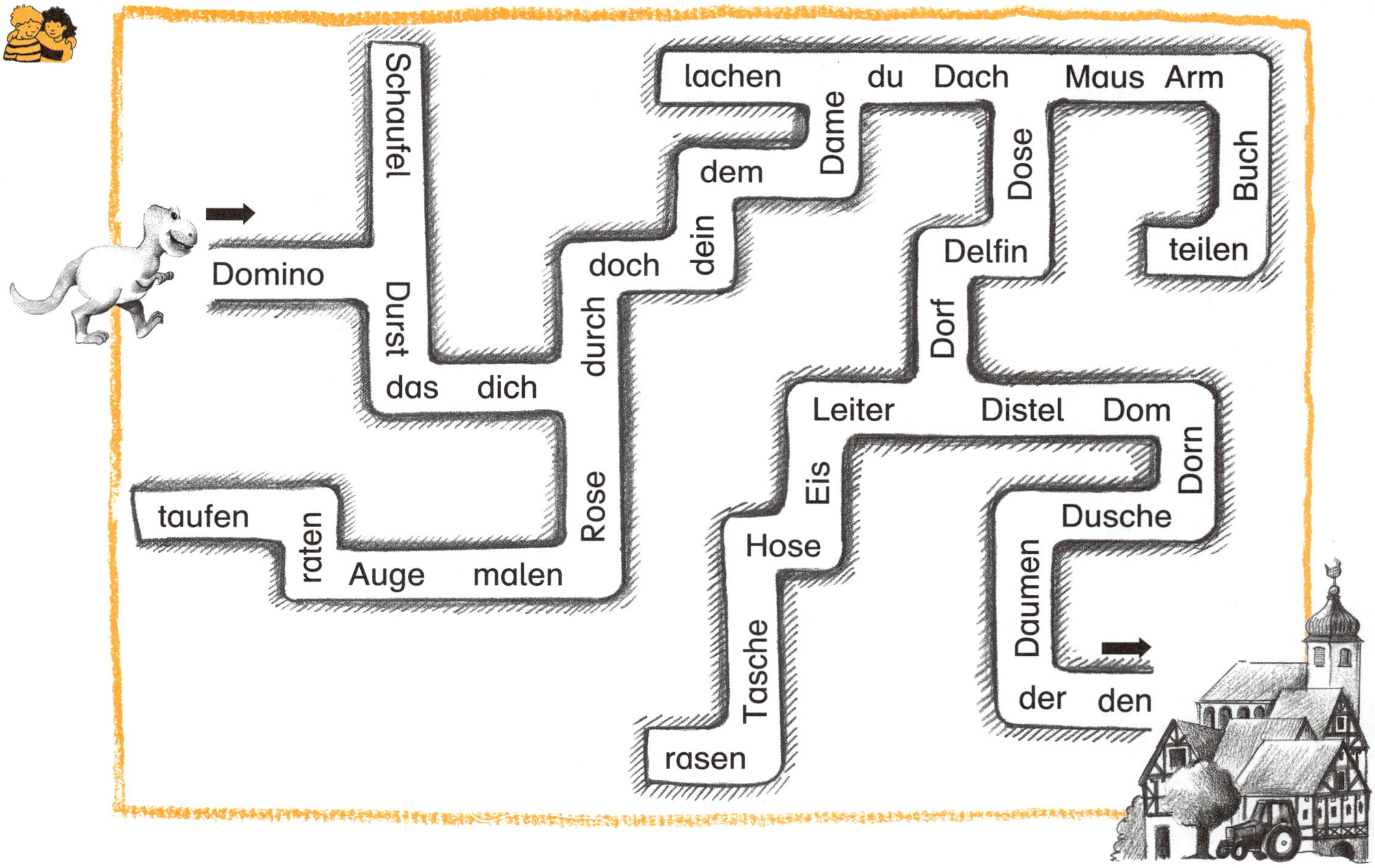

1 Welche Wörter findest du auf dem Weg ins Dorf?
Markiere sie farbig!

Auf Seite 8 steht, wie du richtig abschreibst!

2 Schreibe die farbig markierten Wörter richtig ab!

3 Wo hörst du D?
Klebe die passenden Bilder aus dem Beiblatt hier auf!

4 Schreibe die Namenwörter zu den Bildern mit ihrem Begleiter auf!
Male die Silbenbögen darunter!

5 Diese Wörter verwendest du oft. Trenne sie durch Striche voneinander und schreibe sie dann ab!

das/dichdurchderdendudemdeindoch

6 Erfinde selbst eine Dinogeschichte und schreibe sie in dein Heft!

10

Beiblatt zu den Seiten 10 und 13

Seite 10
Aufgabe 3

  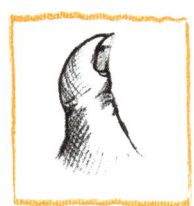  

Seite 13
Aufgabe 2

Bewegt sich das Taschentuch?

Lama Tante | Tinte Baum | Bär Taschentuch | Tor Banane

1 Sprich die Wörter deutlich aus!
Bei welchen Wörtern bewegt sich das Tuch? Schreibe sie auf!

2 Suche auf dem Beiblatt die Bilder, bei denen sich dein Tuch bewegt!
Klebe sie hier ein und schreibe die Wörter darunter!

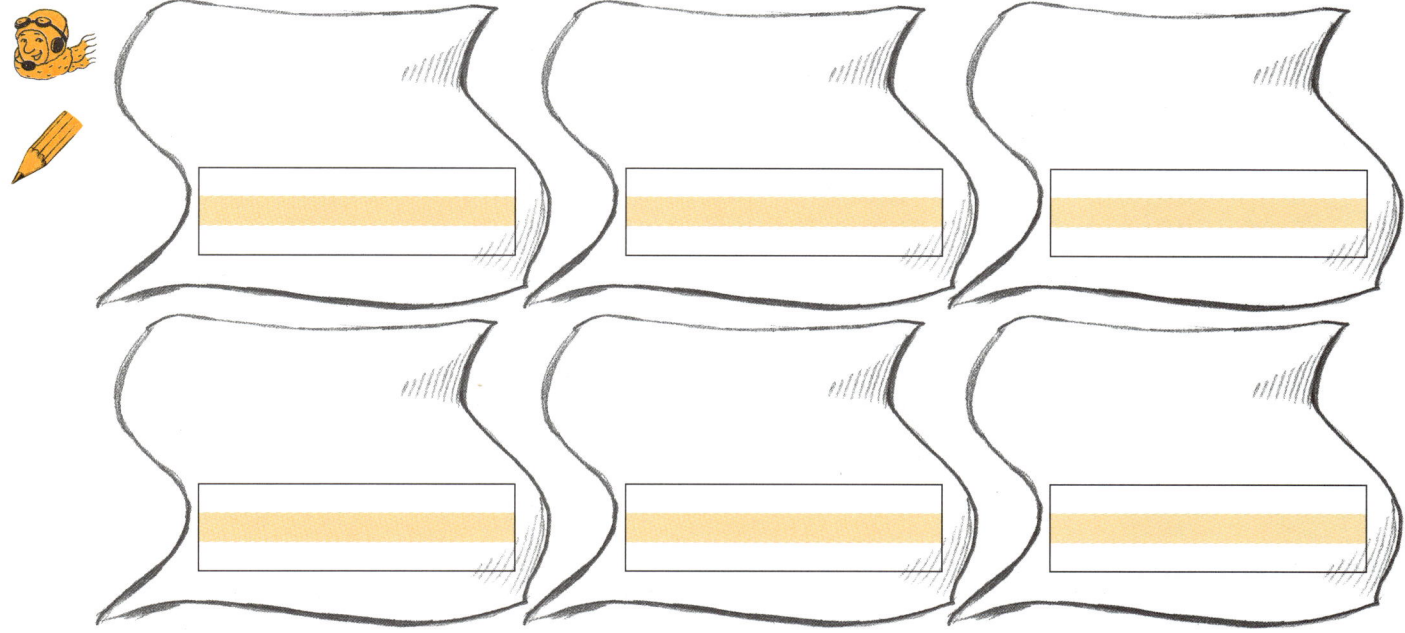

3 Erfinde selbst Zungenbrecher mit T/t-Wörtern und schreibe sie in dein Heft!
Du kannst diese Wörter verwenden:
turnen, tauschen, toben, teilen, tasten

> Tante Tina turnt mit einem bunten Tuch.

Im Baumhaus

Schau genau!

1 Schreibe alle Wörter zum Bild auf, die mit B beginnen!
Setze die Silbenbögen darunter!

2 Finde zu jedem Wort ein Reimwort mit B und schreibe es auf!

Wein   Kraut   Rauch

Raum   Schrank   Tuch

Seil   Mauer   Dach

3 Suche in deinem Wörterbuch noch andere Namenwörter mit B!
Schreibe sie in dein Heft und markiere die schwierigen Stellen farbig!

Pizzadienst

Pünktlich zur Party oder zur Pause
Pasta, Pizza, Pommes nach Hause.

1 Lies den Werbespruch ganz deutlich!
Markiere alle P farbig!

2 Im Werbespruch findest du auch schwierige Wörter.
Schreibe sie ab und markiere die schwierigen Stellen farbig!

3 Finde die Wörter mit P heraus
und schreibe sie in die Kästchen!

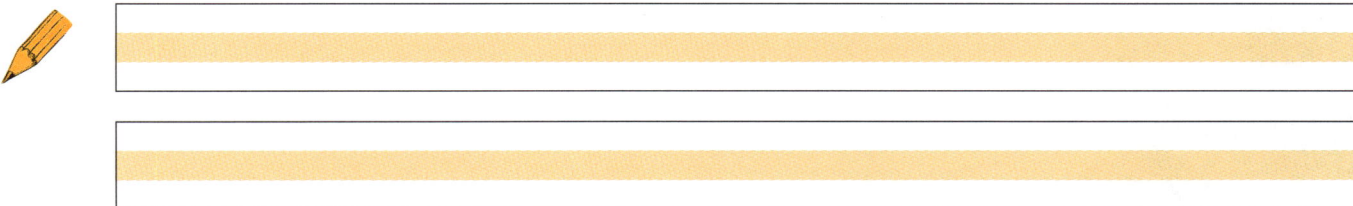

Prima!

4 Denke dir Werbesprüche für diese Dinge aus und schreibe sie in dein Heft!

15

Der Geist im Gartenhaus

Gisela und Gabriel haben ein Geheimnis.
Sie gehen in der Nacht als Geister
durch das Gebüsch im Garten zum alten
Gartenhaus. Dort sehen sie im Licht einer
Girlande ein böses Gesicht ...

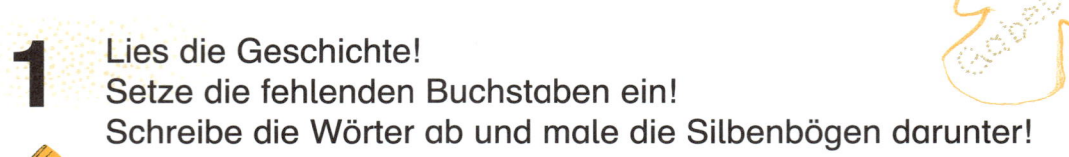

1 Lies die Geschichte!
Setze die fehlenden Buchstaben ein!
Schreibe die Wörter ab und male die Silbenbögen darunter!

2 Diktiere deinem Partner die Wörter, die auf dem Gartenhaus stehen! Sprich dabei sehr deutlich!
Anschließend diktiert dein Partner und du schreibst.

3 Wie könnte die Geschichte mit Gisela und Gabriel weitergehen?
Schreibe sie in dein Heft!

Gebet Gedicht
Gabel Gift
gestern Gast
geben gut

Was ist in der Kiste?

1 Sprich die Wörter genau und suche sie im Wörterbuch! Schreibe sie auf!

2 Erkennst du diese Wörter? Schreibe sie in die Zeilen!

kichern   kein   kochen

kalt   kauen   kaufen

3 Suche dir im Wörterbuch schwierige Wörter mit K/k heraus! Schreibe sie in dein Heft und markiere die schwierigen Stellen farbig!

17

Glücksrad

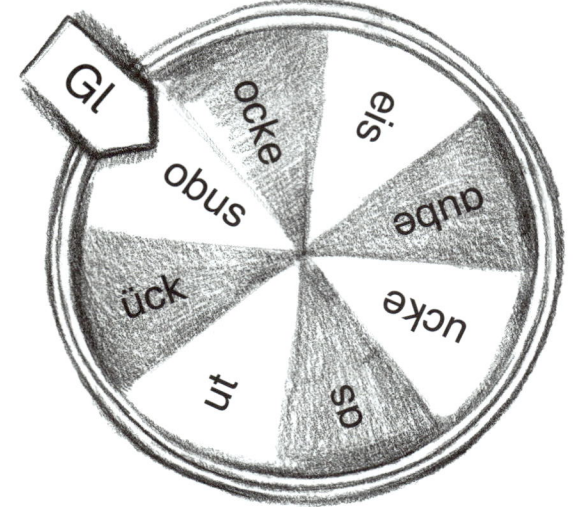
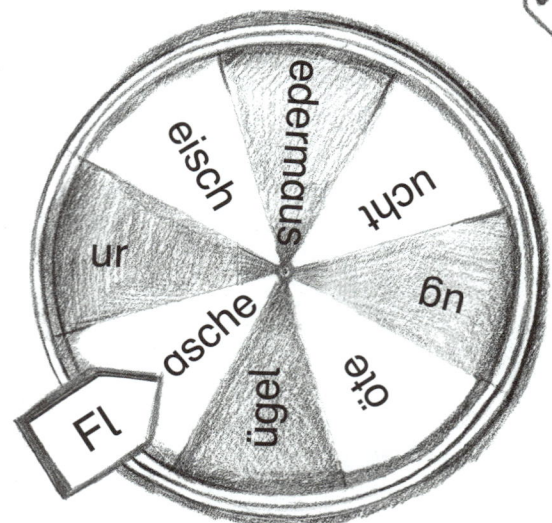

1 Ordne die Wörter mit Begleiter in die richtige Spalte ein!
Markiere die schwierigen Stellen farbig!

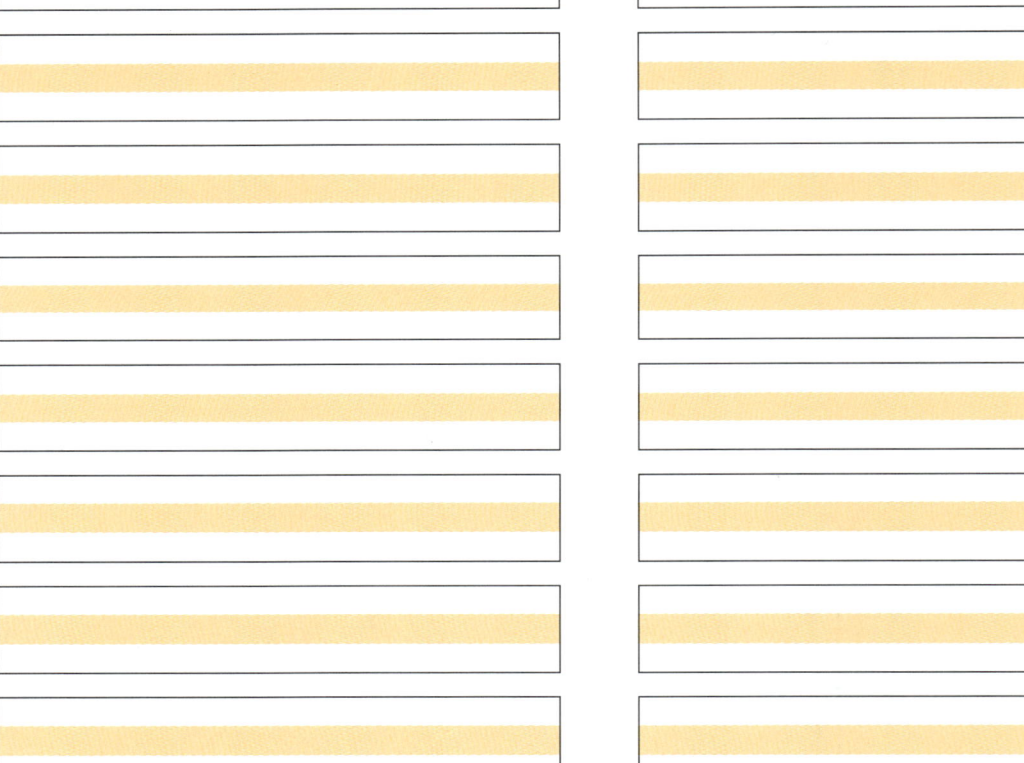

Deutliches Sprechen und genaues Hinhören helfen dir, schwierige Wortanfänge richtig aufzuschreiben.

2 Ordne die Wörter nach ihrem Wortanfang in Spalten ein!
Male die Silbenbögen darunter!

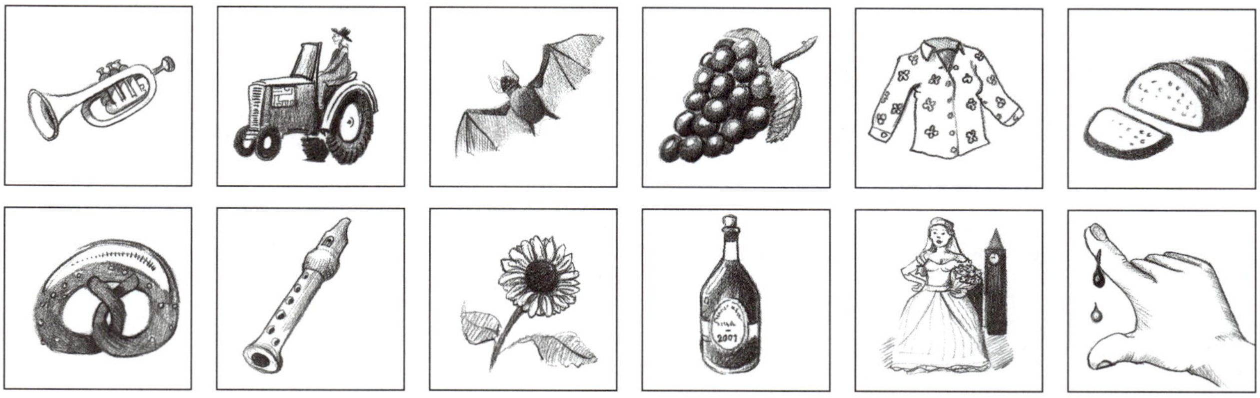

Br	Tr	Bl	Fl

3 Welcher Wortanfang passt zu welchem Namenwort?
Ergänze!

Br   Bl   Fr   Gl   Tr

___ief
___ück
___ocke
___osch
___ase
___uder
___att
___age
___ucht
___üte
___ost
___age
___ut
___emde
___ichter
___aum
___eitag

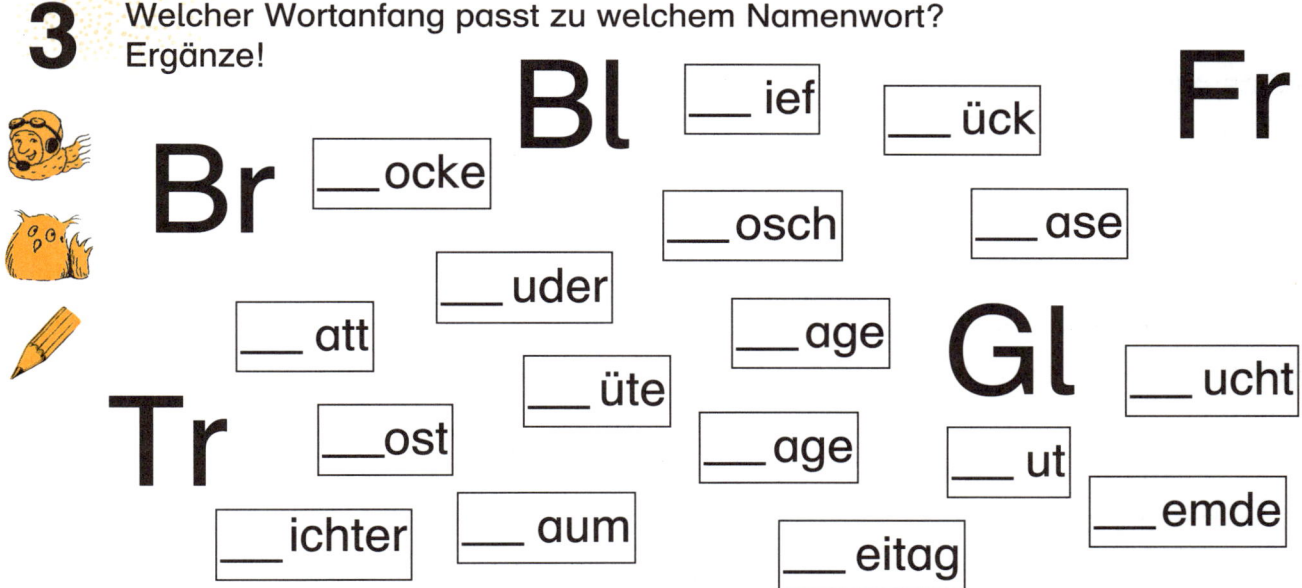

4 Schreibe die Namenwörter von Aufgabe 3 mit Begleiter in dein Heft!

5 Wann hattest du schon einmal Glück? Erzähle!

Wir drehen die Lostrommel

Wörter, Wörter …

1 Schreibe die Namenwörter aus der Lostrommel mit Begleiter auf!
Markiere die schwierigen Stellen farbig!

2 Welche Wörter in der Lostrommel bleiben übrig?
Kreise sie farbig ein! Spiele sie vor!

3 Schreibe diese Wörter auf!
Sprich deutlich und male die Silbenbögen darunter!

> Wörter, die mir sagen, was man tun kann,
> nenne ich **Tunwörter**. Ich schreibe sie **klein**.

4 Suche die passenden Tunwörter und ordne sie nach ihrem Wortanfang in die Spalten ein!

fl	fr	tr	bl
flüstern			

5 Suche in deinem Wörterbuch weitere Tunwörter mit diesen Wortanfängen! Schreibe sie ebenfalls in die Spalten!

6 Setze passende Tunwörter in die Lücken ein!

Kinder _____ gern Saft.

Wir _____ einen Luftballon auf.

Wer etwas wissen will, muss _____ .

Wir _____ leise, wenn uns nicht alle hören sollen.

7 Du hast in der Lotterie das große Los gezogen. Was würdest du damit tun? Erzähle!

W**ü**rfelspiel

1 Immer zwei Wörter passen zusammen. Male die Wortpaare mit gleicher Farbe aus! Schreibe sie zu den Bildern!

	ein Bruder		*zwei*

Aus **u** in der Einzahl wird oft **ü** in der Mehrzahl.

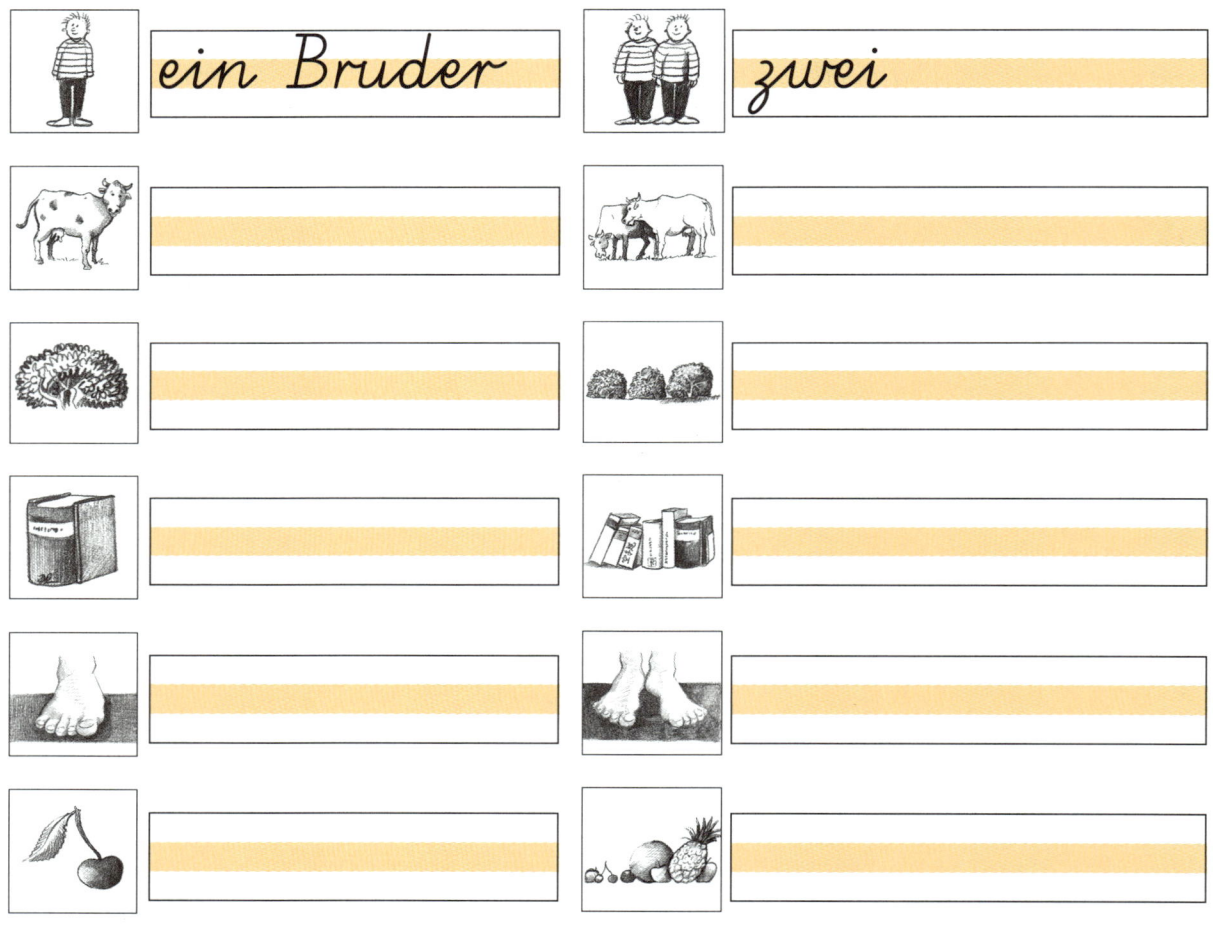

2 Suche die Wörter im Wörterbuch!
Unterstreiche Namenwörter, Tunwörter und sonstige Wörter farbig!
Wähle für jede Wortart eine andere Farbe!

3 Ordne nun die Wörter in die richtigen Spalten ein!
Markiere die schwierigen Stellen farbig!

Namenwörter	Tunwörter	sonstige Wörter

Es gibt Wörter mit **ü**, die kein verwandtes Wort mit **u** haben.

Körbe voller Wörter

Immer zwei?

1 Welche Wörter gehören zusammen? Schreibe die Paare auf!

O   Ö

2 Welche Wörter bleiben übrig?

3 Suche dir Ö-Wörter aus, die dir gefallen! Schlage sie im Wörterbuch nach! Schreibe in dein Heft, welche verwandten Wörter du dort findest!

Das lässt sich erklären

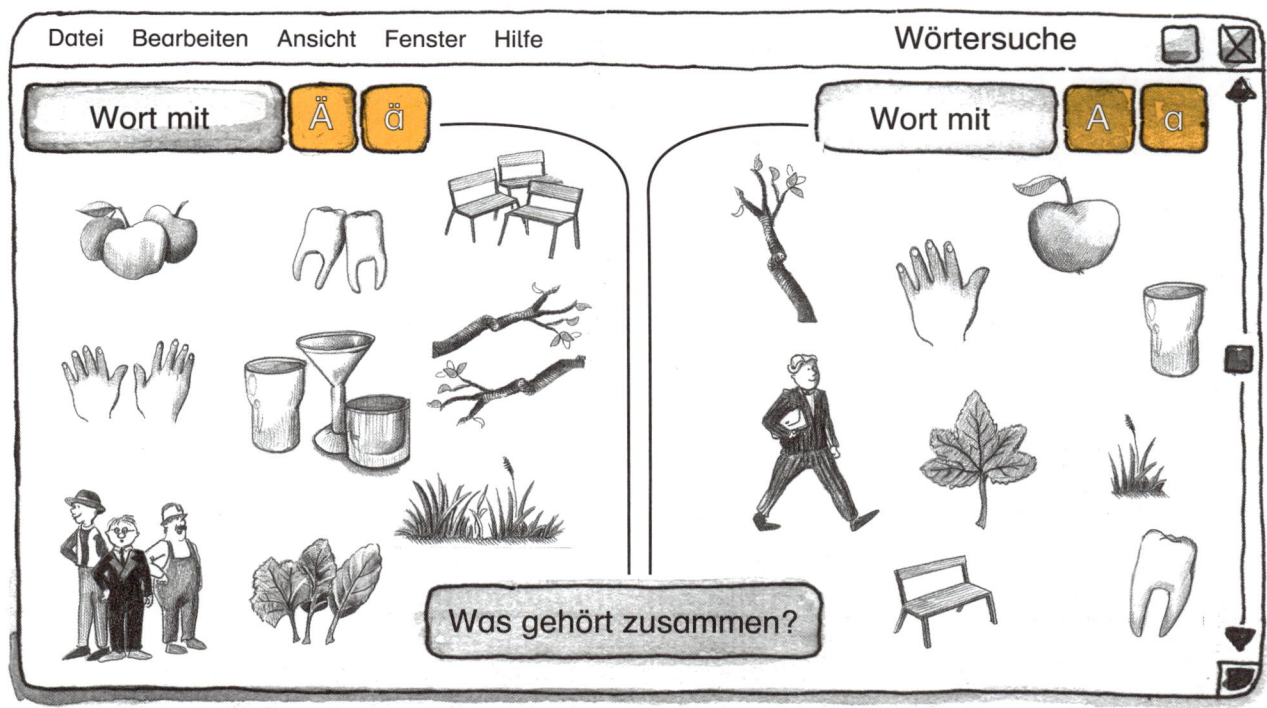

1 Schaue dir die Bilder auf dem Bildschirm genau an! Finde die Wortpaare und schreibe sie in dein Heft! Beispiel: die Gräser – das Gras
Überprüfe die Schreibweise im Wörterbuch!

2 Bilde zu den folgenden Wörtern die Einzahl und schreibe die Paare auf!
Beispiel: die Bälle – der Ball. Markiere ä und a farbig!

B☐lle

N☐chte

S☐tze

Pl☐tze

S☐fte

Viele **Wörter mit ä** haben **Wörter mit a** als Verwandte!

Hier kann ich durch **Nachdenken** Fehler vermeiden!

25

3 Was tun diese Personen? Was geschieht? Schreibe es in einem Satz auf! Unterstreiche die Tunwörter farbig!

Simon trägt den Koffer. — tragen

4 Suche zu jedem Tunwort die Grundform im Wörterbuch und trage sie ein!

Tunwörter mit ä haben oft eine Grundform mit a!

5 Schreibe ein passendes Wiewort neben jedes Bild!   warm   alt   kalt   hart

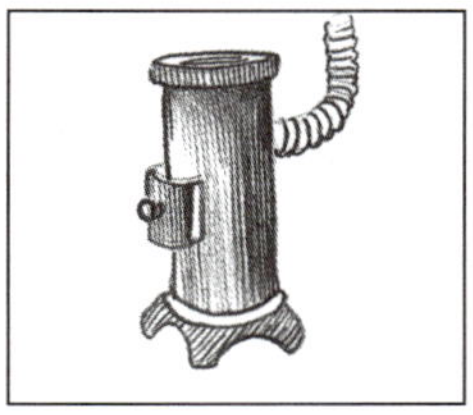

6 Suche die Wörter aus Aufgabe 5 im Wörterbuch!
Wähle dir ein verwandtes Wort mit ä aus
und schreibe es daneben!
Schreibe mit diesem Wort einen Satz in die zweite Zeile!

7 Schreibe die folgenden Wörter mit Begleiter auf! Markiere ä farbig!   Mädchen   Träne   Bär   Käfer

Es gibt Wörter mit **ä**, die kein verwandtes Wort mit **a** haben.

Diese Wörter **merke ich mir** gut.

Memory mit ä ö ü

1 Beschrifte die Memorykarten!

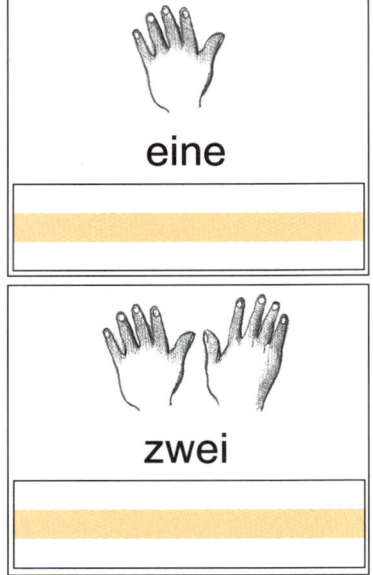

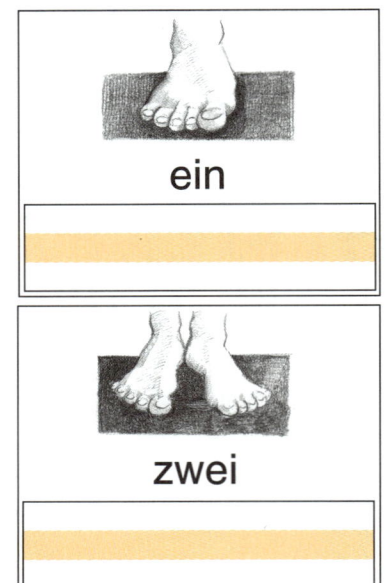

eine — ein — ein

zwei — drei — zwei

2 Suche weitere Wörter mit **ä, ö, ü**, die ein verwandtes Wort mit **a, o, u** haben! Benutze das Wörterbuch!

> Aus den Selbstlauten
> **a, o, u**
> werden oft die Umlaute
> **ä, ö, ü**.

3 Bereite Memory-Karten mit solchen Wörtern für ein Spiel vor!

Wer hat sich da versteckt?

Suchbild

1 Wer oder was hat sich hier versteckt! Schreibe die Namenwörter auf! Kontrolliere mit dem Wörterbuch!

2 Schreibe die St-Wörter in die Zeilen! Vergleiche das gesprochene Wort mit dem geschriebenen Wort!

 raße rauß ab rumpf uhl

 urm empel ängel

 Ich spreche **scht**.

Ich schreibe **St, st**.

29

3 Findest du die 12 Namenwörter?
Markiere sie in verschiedenen Farben und schreibe sie mit Begleiter auf!

A	X	S	T	A	B	H	Q	B	N	S	Z	S	D	E	F	S	I
C	S	T	O	F	F	T	W	S	M	T	P	S	T	A	D	T	L
V	T	R	W	D	S	X	L	T	K	R	L	A	S	V	B	E	Z
S	T	A	L	L	S	L	P	U	Z	I	K	S	T	A	M	M	F
Q	G	U	Ä	S	T	I	R	N	R	C	M	F	G	H	K	P	S
S	Z	C	C	R	Z	W	W	D	G	H	H	O	Z	H	J	E	E
K	T	H	X	R	V	B	M	E	F	J	N	S	T	U	H	L	R
Ö	H	J	S	T	E	R	N	X	W	H	B	Y	S	Q	W	R	M

---

4 Erkennst du die versteckten Tunwörter?
Schreibe sie auf!

stellen, steigen, stehen, stolpern, stecken, stapeln, stürzen, streiten

---

---

5 Schreibe die Tunwörter in der **Grundform** und in der **er- und sie-Form** in dein Heft!
Beispiel: *stellen – er stellt, sie stellt*

6  Schreibe Zungenbrecher mit vielen St/st-Wörtern in dein Heft!
Beispiel: *Der stolze Storch versteckt sich hinter einem Strauch.*

Komm, spiel mit mir!

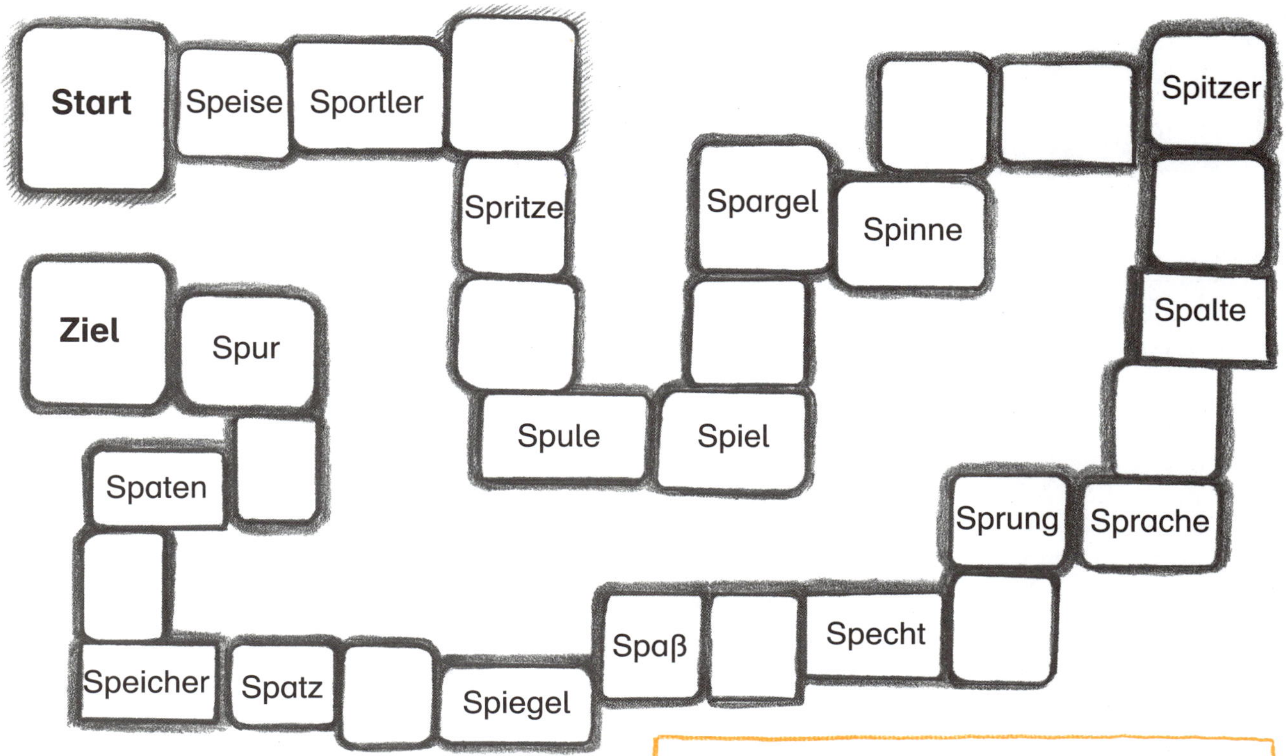

Start — Speise — Sportler — … — Spitzer
Spritze — Spargel — Spinne — Spalte
Ziel — Spur — Spule — Spiel — Sprung — Sprache
Spaten — Spaß — Specht
Speicher — Spatz — Spiegel

Spielanleitung:
- Rücke die gewürfelte Augenzahl vor!
- Kommst du auf ein Feld, bei dem Einzahl und Mehrzahl gleich sind, rücke drei Felder vor!

1 Suche im Spielplan passende Wörter und schreibe sie auf!

Das sind Tiere:

Das sind Gegenstände:

2 Vergleiche das geschriebene und das gesprochene Wort!

 Ich spreche **schp**.

Ich schreibe **Sp, sp**.

31

3 Welche Puzzleteile gehören zusammen? Male sie mit der gleichen Farbe aus! Schreibe die Wörter auf und male die Silbenbögen darunter!

spie, span, spal, spu, spa, spre, spei, spen, spü, spu, spü, ken, ren, sen, len, ren, len, nen, den, cken, chen, ten

4 Bilde mit den Vorsilben **ab-**, **ver-** und **an-** sinnvolle Tunwörter! Ordne sie ein!

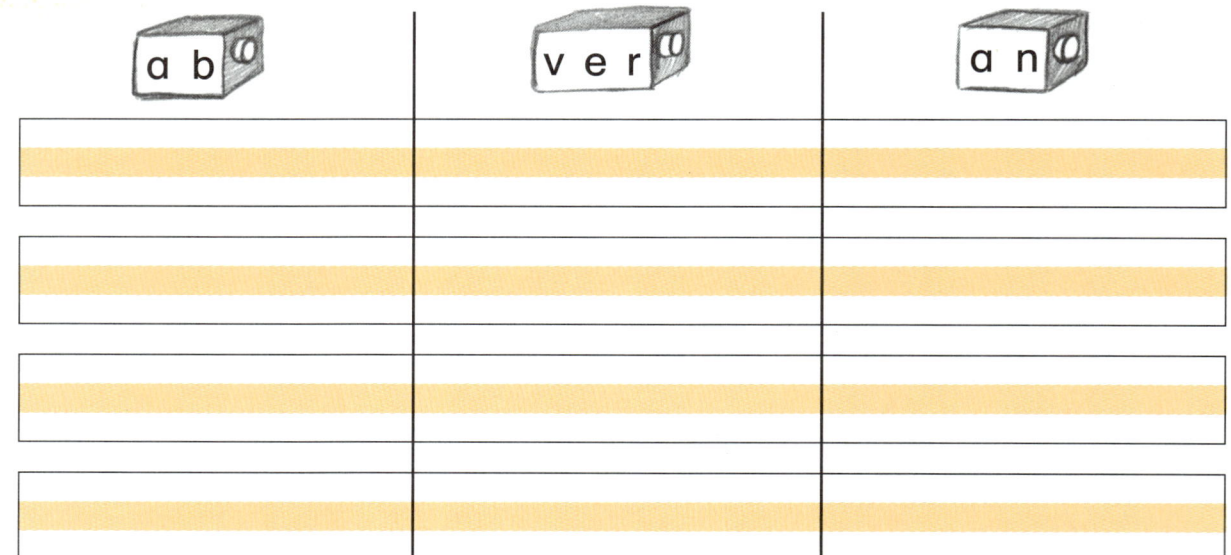

5  Wo hörst du bei diesen Wörtern (schp), schreibst aber **sp**?

So kann ich üben

Frühling an der Hecke

Wir erforschen heute mit unserer Klasse eine Hecke. Dort entdecken wir ein Nest, in dem graue Eier liegen. In den Zweigen hören wir Vögel laut zwitschern. Ein Hase verschwindet schnell hinter einen blühenden Strauch. Die Schnecke kriecht über einen Stein und trägt ihr Haus. Der stachelige Igel sucht sich Würmer. Lena reißt sich an den dornigen Ästen ihr Kleid kaputt. Tim schreit, als eine Spinne über seine Hand läuft.

1 Überlege: Welche Wörter sind **für dich** einfach zu schreiben, wenn du sie deutlich sprichst? Kreise **deine** Mitsprechwörter mit Bleistift ein!

2 Bei welchen Wörtern musst **du** nachdenken? Markiere sie farbig! Schreibe **deine** Nachdenkwörter auf!

3 Suche dir zu deinen Nachdenkwörtern passende Verwandte, die dir sagen, wie das Wort richtig geschrieben wird! Schreibe sie in dein Heft!
 Beispiel: *Frühling – früher, die Hand – die Hände*

4 Welche Wörter im Text musst **du** dir besonders merken? Markiere sie mit einer weiteren Farbe!

5 Schreibe **deine** Merkwörter auf!

6 Übe **deine** Merkwörter wie Simon und Marina!

So übe ich Merkwörter!

- Ich lese genau.
- Ich schreibe das Wort in Silben auf.
- Ich markiere die Stelle farbig, bei der ich besonders aufpassen muss und präge sie mir ein.
- Ich schreibe einen Satz mit dem Wort.
- Ich schreibe das Wort auswendig und kontrolliere.

Ballspiele

1 Bei welchen Wörtern kannst du den Ball prellen ●, bei welchen rollen —? Ordne ein!

Ich höre einen kurzen Selbstlaut. ●

Ich höre einen langen Selbstlaut. —

2 Sprich die Wörter genau und schreibe über jedes Bild den Selbstlaut! Hörst du einen langen oder kurzen Selbstlaut? Setze Punkt ● oder Strich — unter die Bilder!

3 Schlage die Wörter im Wörterbuch nach und schreibe sie auf!

4 Sprich die Wörter genau! Male die Silbenbögen darunter!
Male die Selbstlaute rot an!

lernen	Torte	helfen	Schere
reden	Tante	Nudel	Monat
sparen	Mantel	Kerze	leben
halten	turnen	Wagen	warten

Man-tel   Mo-nat

5 Sprich die Wörter noch einmal deutlich!
Markiere den Silbenbogen der betonten Silbe farbig!

6 Schaue dir die betonten Silben genau an! Wo steht der Selbstlaut?
Bilde zwei Gruppen und schreibe die Wörter in Silben auf!

M**a**n-tel	M**o**-nat
Hier steht der betonte Selbstlaut in der Mitte der Silbe.	Hier steht der betonte Selbstlaut am Ende der Silbe.

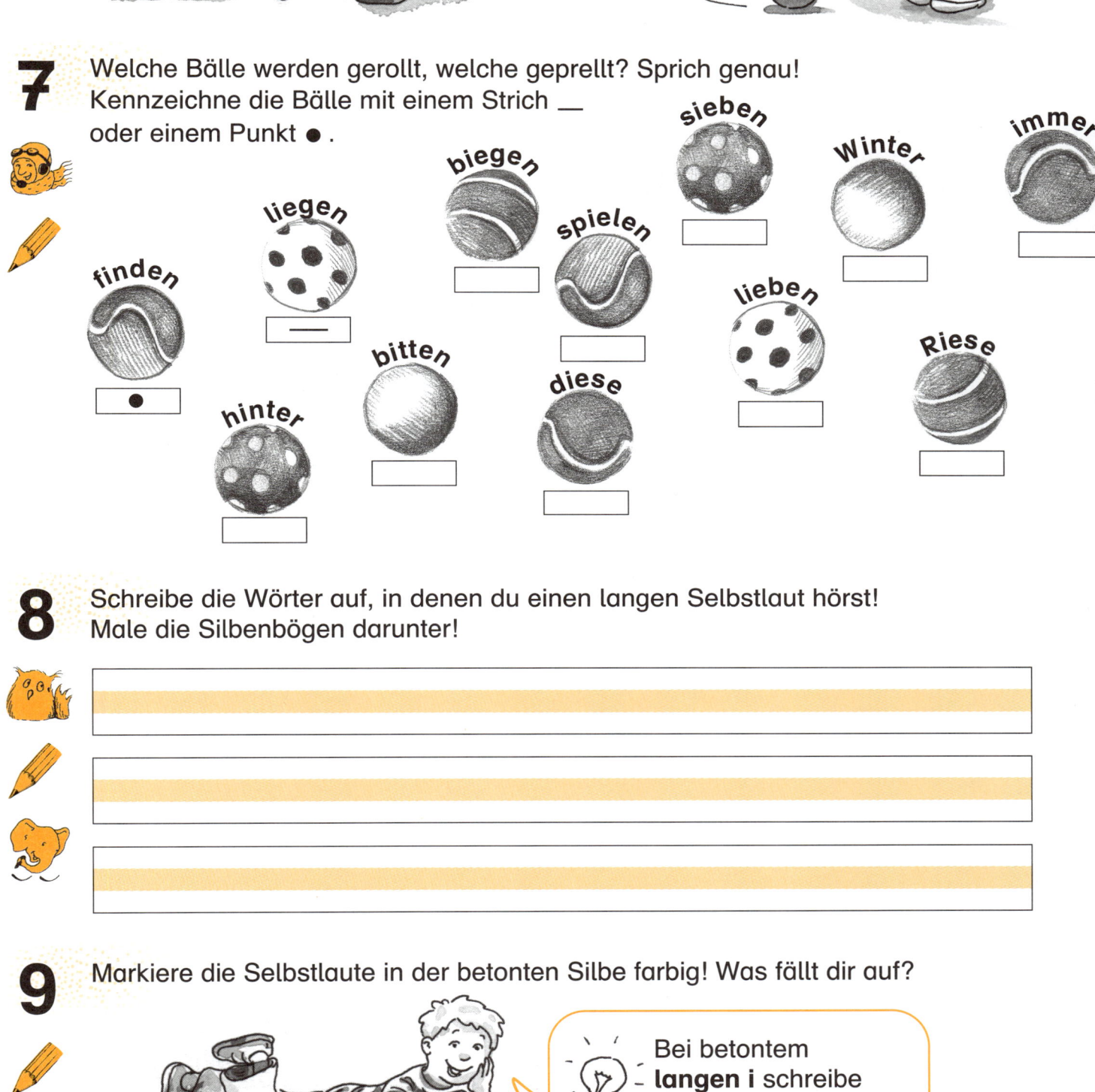

7 Welche Bälle werden gerollt, welche geprellt? Sprich genau!
Kennzeichne die Bälle mit einem Strich — oder einem Punkt •.

finden •
liegen —
biegen
sieben
Winter
immer
spielen
bitten
lieben
hinter
diese
Riese

8 Schreibe die Wörter auf, in denen du einen langen Selbstlaut hörst!
Male die Silbenbögen darunter!

9 Markiere die Selbstlaute in der betonten Silbe farbig! Was fällt dir auf?

Bei betontem **langen i** schreibe ich meistens **ie**!

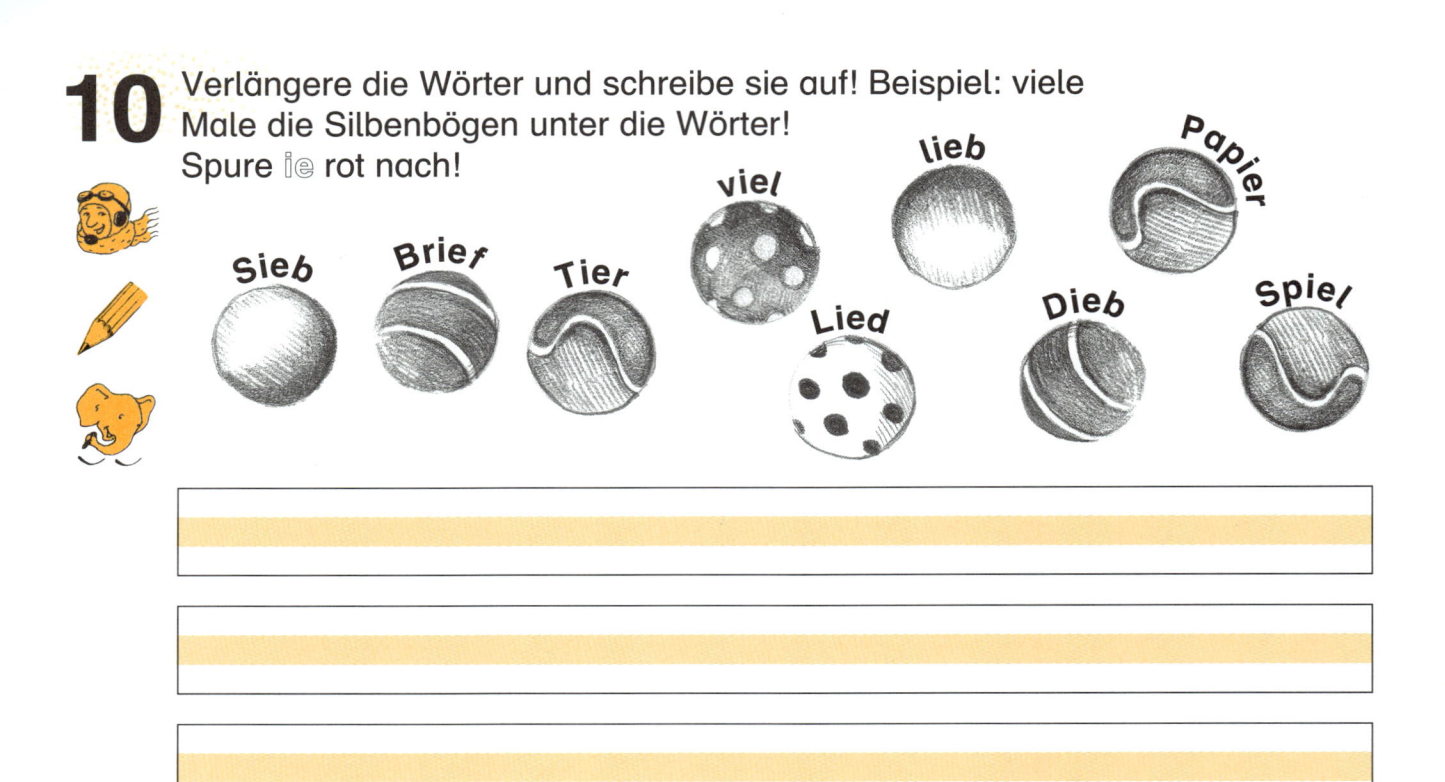

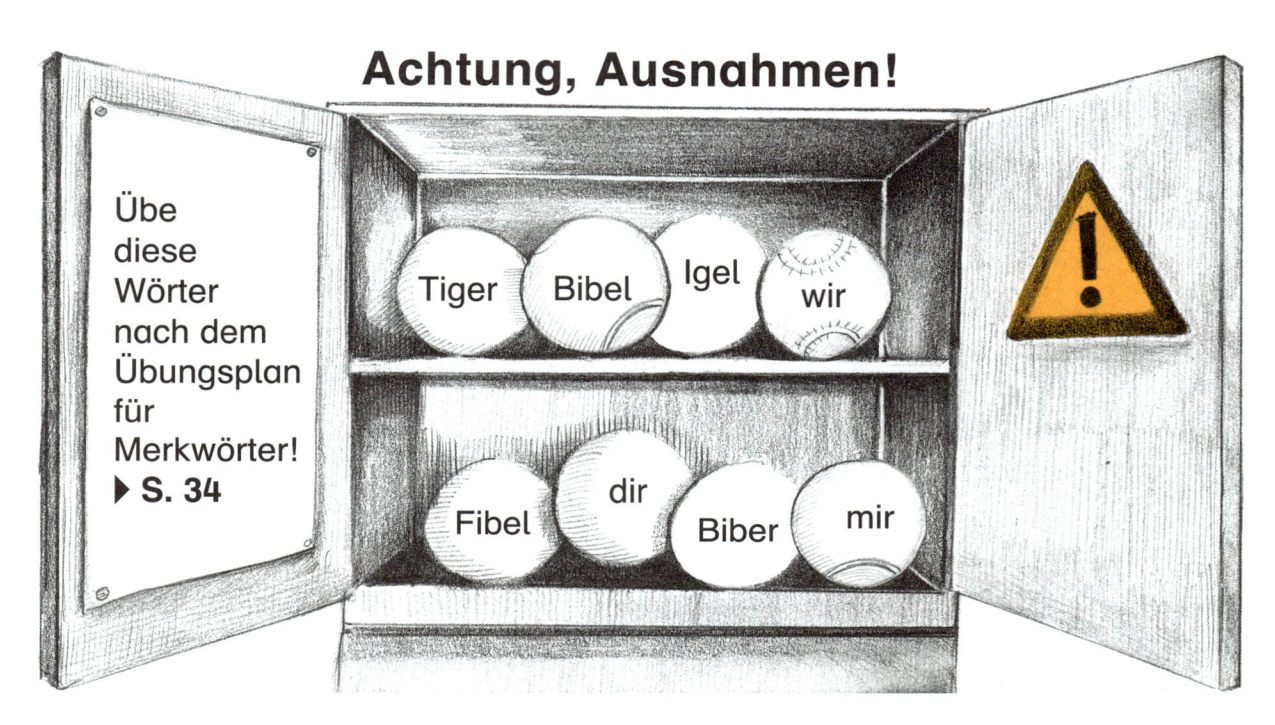

10 Verlängere die Wörter und schreibe sie auf! Beispiel: viele
Male die Silbenbögen unter die Wörter!
Spure ie rot nach!

Sieb   Brief   Tier   viel   lieb   Papier
Lied   Dieb   Spiel

Achtung, Ausnahmen!

Übe diese Wörter nach dem Übungsplan für Merkwörter!
▶ S. 34

Tiger   Bibel   Igel   wir
Fibel   dir   Biber   mir

11 Schreibe die passenden Wörter aus dem Schrank auf!

Tiere:

Bücher:

12 Bilde mit den Wörtern im Schrank sinnvolle Sätze und schreibe sie in dein Heft!

Sport und Spiel

Die Kinder in der Klasse 2a schießen auf die Torwand. Ihre Lehrerin schaut zu, wie sie spielen. „Los, ihr müsst genau zielen!", ruft sie ihnen zu.

Ein Junge nimmt Anlauf, holt aus, tritt gegen den Ball und trifft. Alle werfen ihre Arme in die Höhe und jubeln. Seine Freunde klopfen ihm auf die Schulter und loben ihn.

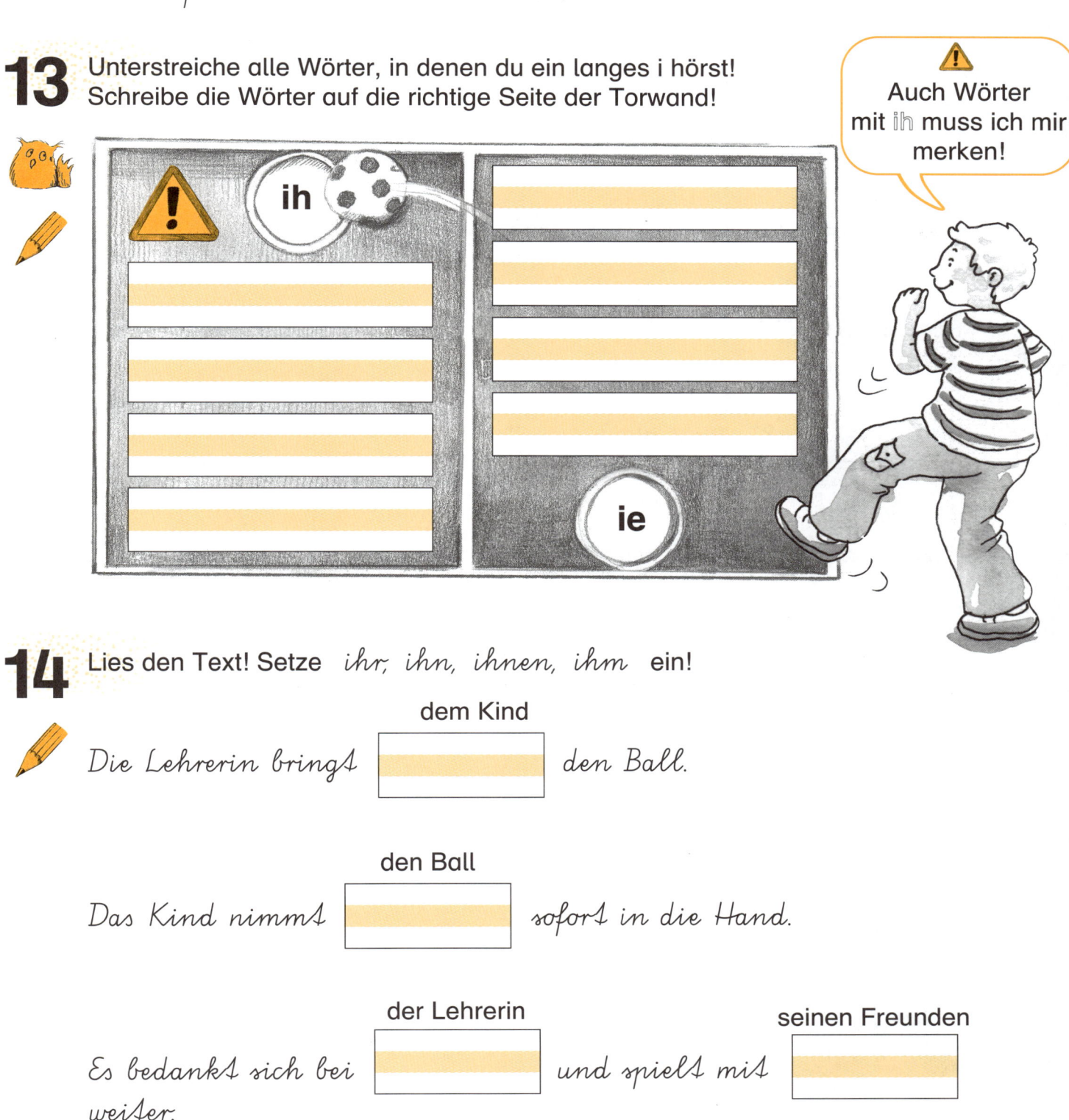

13 Unterstreiche alle Wörter, in denen du ein langes i hörst! Schreibe die Wörter auf die richtige Seite der Torwand!

ih

ie

Auch Wörter mit **ih** muss ich mir merken!

14 Lies den Text! Setze *ihr, ihn, ihnen, ihm* ein!

dem Kind

Die Lehrerin bringt _____ den Ball.

den Ball

Das Kind nimmt _____ sofort in die Hand.

der Lehrerin   seinen Freunden

Es bedankt sich bei _____ und spielt mit _____ weiter.

Wisst ihr, was die Mäuse träumen?

1 Schreibe die Träume der Mäuse in kurzen Sätzen in dein Heft!

2 Schreibe die Wörter in der Einzahl und Mehrzahl auf!

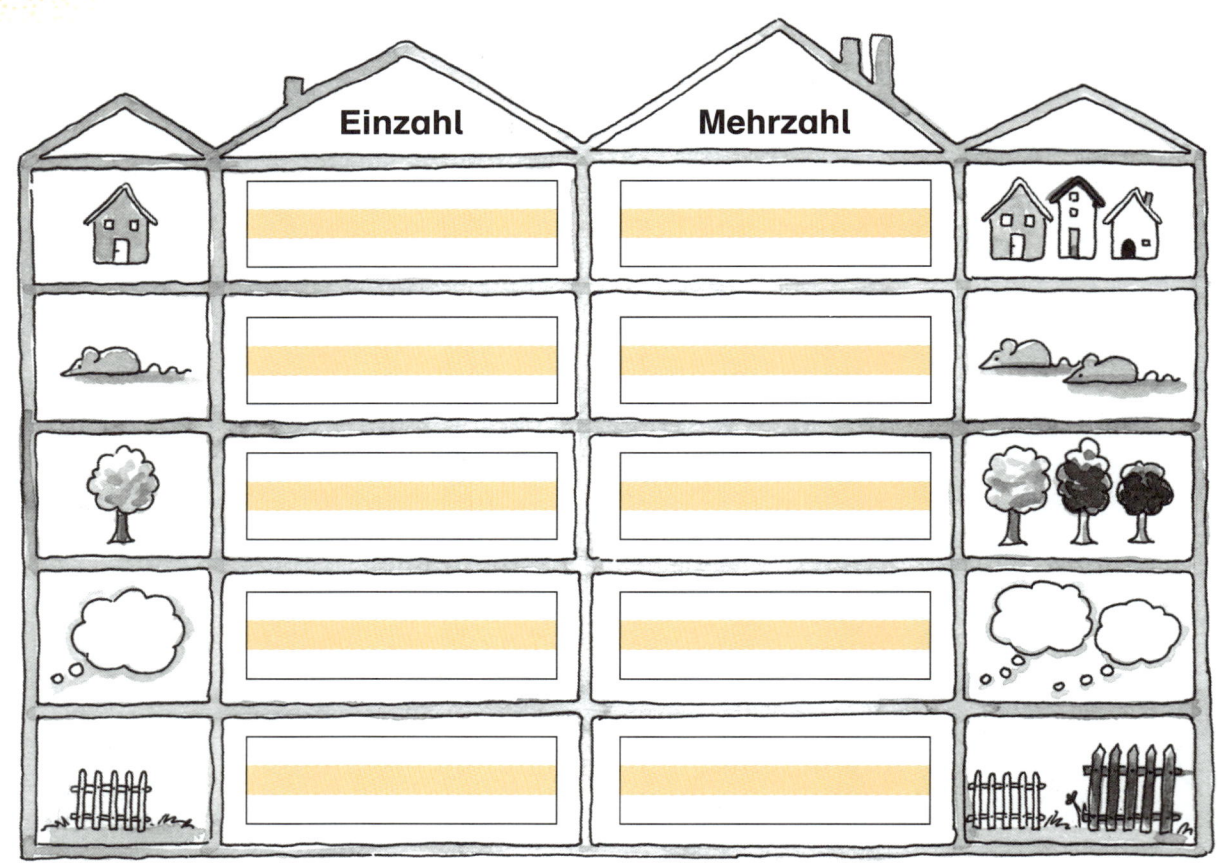

Einzahl	Mehrzahl

Was hilft dir beim Schreiben von Wörtern mit **äu**?

Ich suche mir ein verwandtes Wort mit **au**.

3 Male die verwandten Wörter mit der gleichen Farbe aus und schreibe sie paarweise auf! Beispiel: Raum – räumen

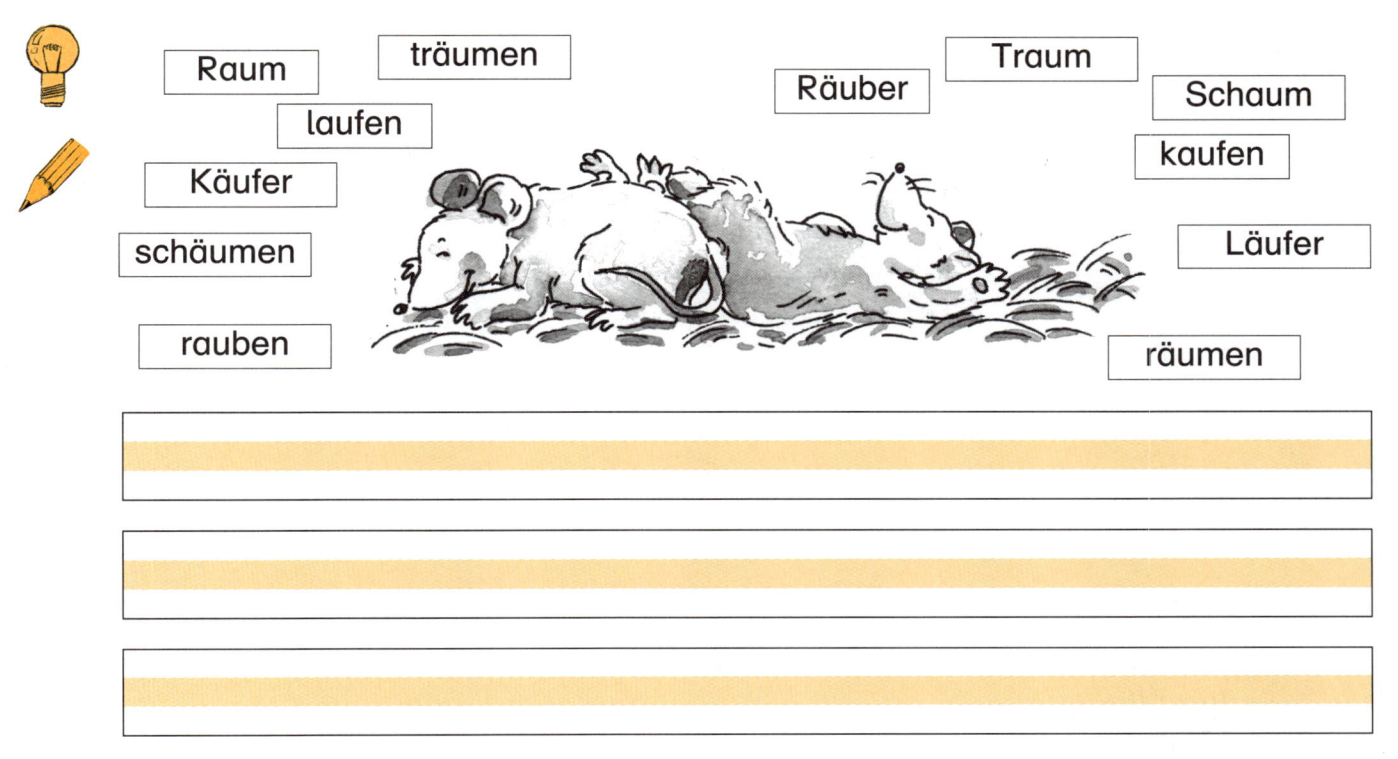

Raum   träumen   Räuber   Traum   Schaum
laufen   kaufen
Käufer
schäumen   Läufer
rauben   räumen

---

4 Spiele mit deinem Partner! Würfle und rücke mit deinem Spielstein vor! Kommst du auf ein äu-Wort, dann suche dazu ein verwandtes Wort mit au und schreibe beide Wörter in dein Heft!
Beispiel: der Läufer – laufen

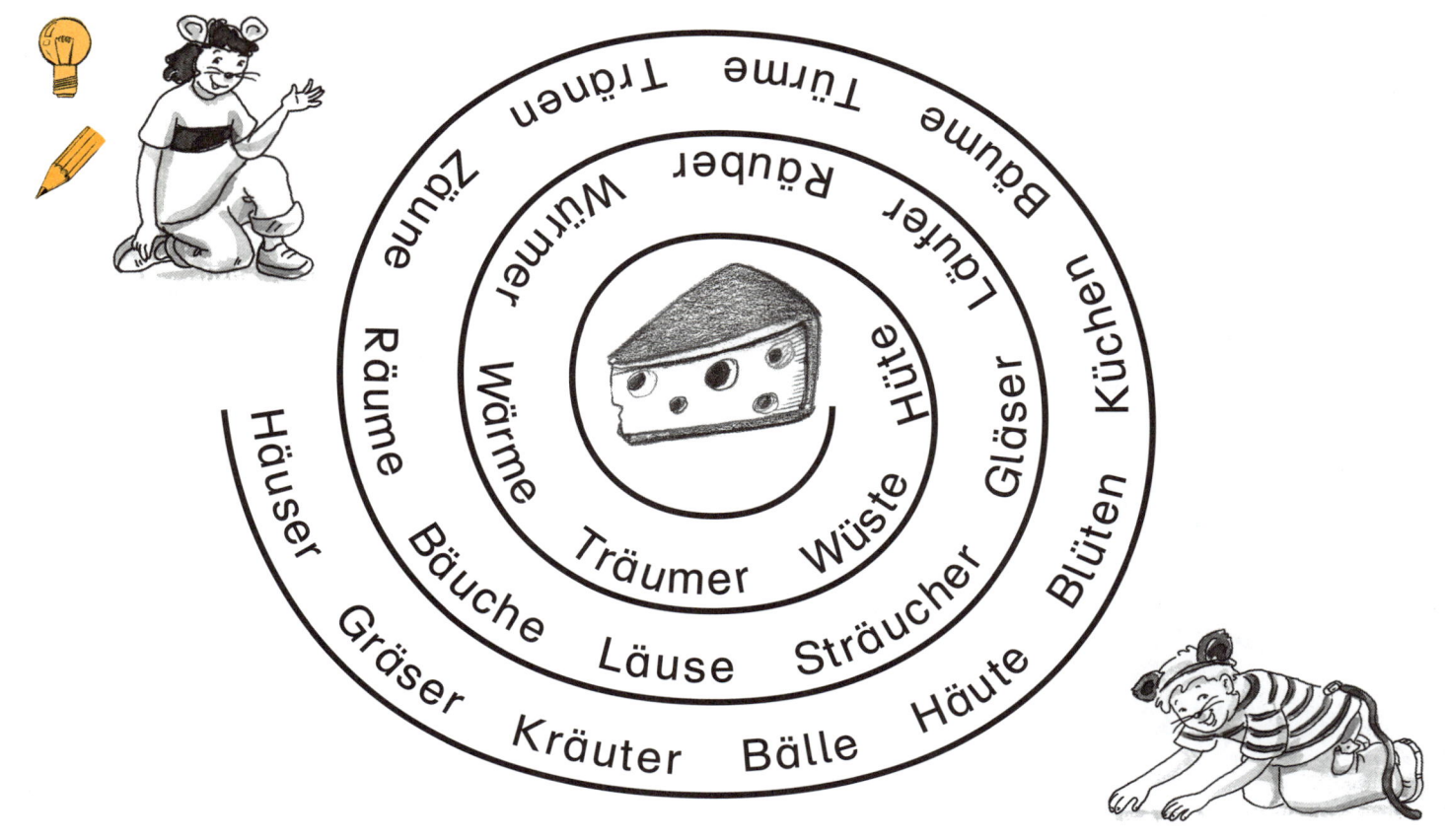

Häuser Gräser Bäuche Räume Zäune Tränen Türme Bäume Läufer Räuber Würmer Hüte Gläser Küchen Blüten Häute Bälle Kräuter Sträucher Läuse Träumer Wüste Wärme

Wisst ihr, was die Eulen träumen?

1 Schreibe Wörter mit Eu/eu in die Traumblasen!
Verwende das Wörterbuch!

2 Zu welchen deiner Traumwörter findest du Verwandte?
Schreibe sie auf und markiere Eu/eu farbig! Beispiel: Feuer, Feuerwerk …

Wörter mit **eu** klingen wie Wörter mit **äu**.

Wenn ich kein verwandtes Wort mit **au** finde, schreibe ich meistens **eu**.

42

3 Setze für die Bilder die passenden Wörter ein!
Achte auf Äu/äu und Eu/eu!

Die ⬚ sitzt im Baum.

⬚ haben ein graues Fell.

In der Stadt gibt es viele ⬚.

Im Ofen brennt das ⬚.

Wir leben in ⬚.

Große ⬚ stehen in unserem Garten.

Vater pflanzt im Garten mehrere ⬚.

Wir bezahlen mit dem ⬚.

4 Knicke die Seite an der gestrichelten Linie nach hinten um und kontrolliere die Wörter!

5 Schreibe das Wort noch einmal und markiere schwierige Stellen!

6 Bilde mit diesem Wort einen neuen Satz!

Eule

Mäuse

Häuser

Feuer

Deutschland

Bäume

Sträucher

Euro

Fingerspiele

Finger lockern

Deine Finger sind jung und munter.
Sie tun lustige Dinge.

- Der Daumen bewegt sich eng im Kreis.
- Der Zeigefinger macht sich ganz lang und schwingt langsam hin und her.
- Der Mittelfinger tippt leise auf den Tisch – hör, wie das klingt!
- Sein Nachbar zeigt stolz seinen kostbaren Ring.
- Dem kleinen Finger ist erst etwas bange, aber dann hat er keine Angst mehr und turnt herum.
- Alle fünf Finger machen einen Gang über Arm und Schultern.
- Dann wird die ganze Hand mit viel Schwung ausgeschüttelt.

Erst kommt die eine, dann die andere Hand an die Reihe.

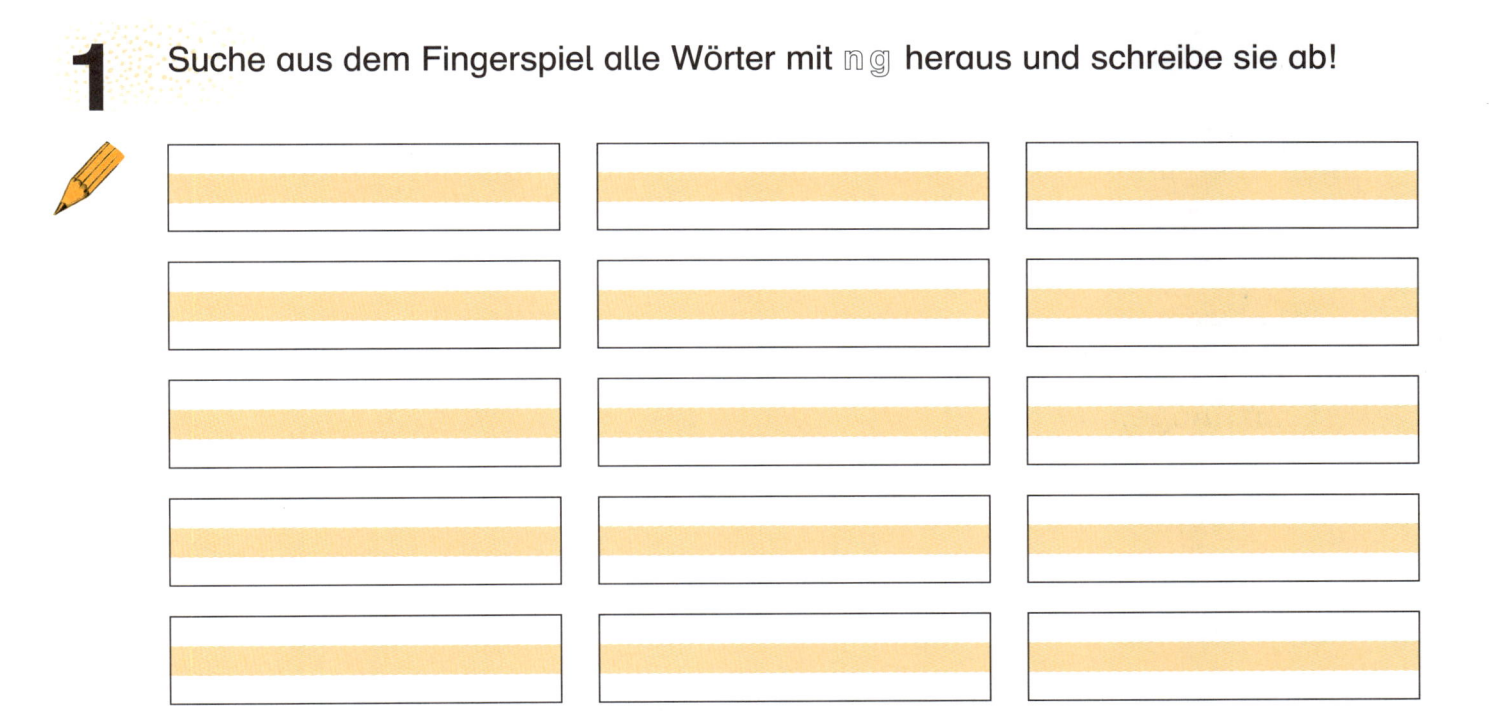

1 Suche aus dem Fingerspiel alle Wörter mit ng heraus und schreibe sie ab!

Hier höre ich **einen** Laut und schreibe **zwei** Buchstaben: ng.

2 Finde die Wörter mit ng heraus und trage sie in das Kreuzworträtsel ein!

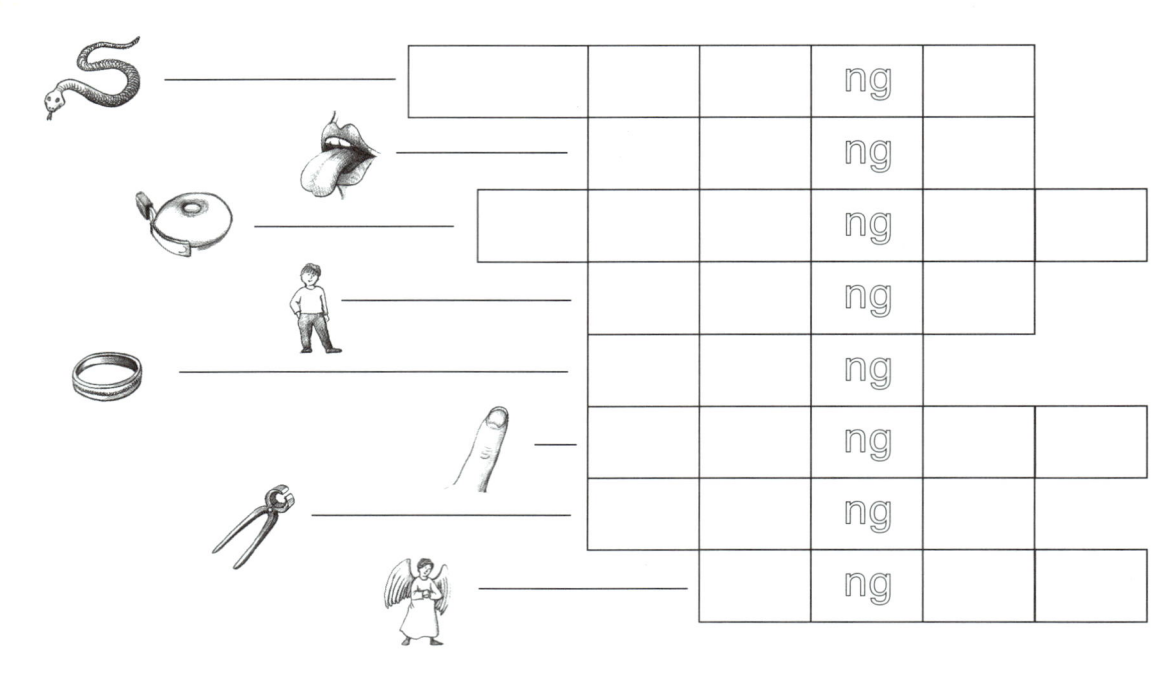

			ng	
			ng	
			ng	
			ng	
			ng	
			ng	
			ng	
			ng	

3 Schreibe die Reimwörter auf!
Male die Silbenbögen unter die Wörter!

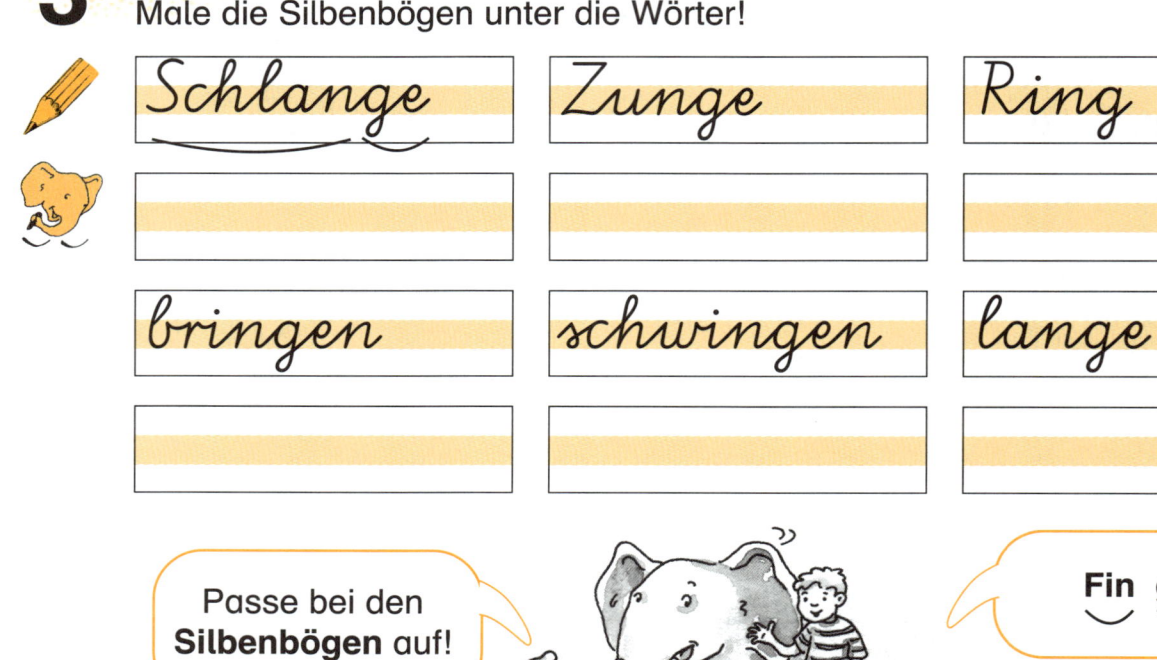

Schlange	Zunge	Ring

bringen	schwingen	lange

Passe bei den **Silbenbögen** auf!

Fin ger

4 Suche in deinem Wörterbuch Wörter mit diesen Buchstabenverbindungen und schreibe sie in dein Heft!
Male die Silbenbögen darunter!

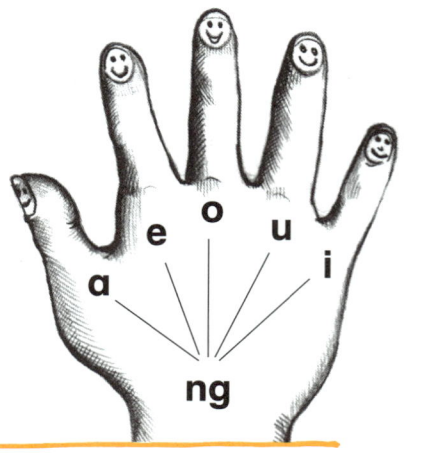

a e o u i
ng

Wir spielen Quartett

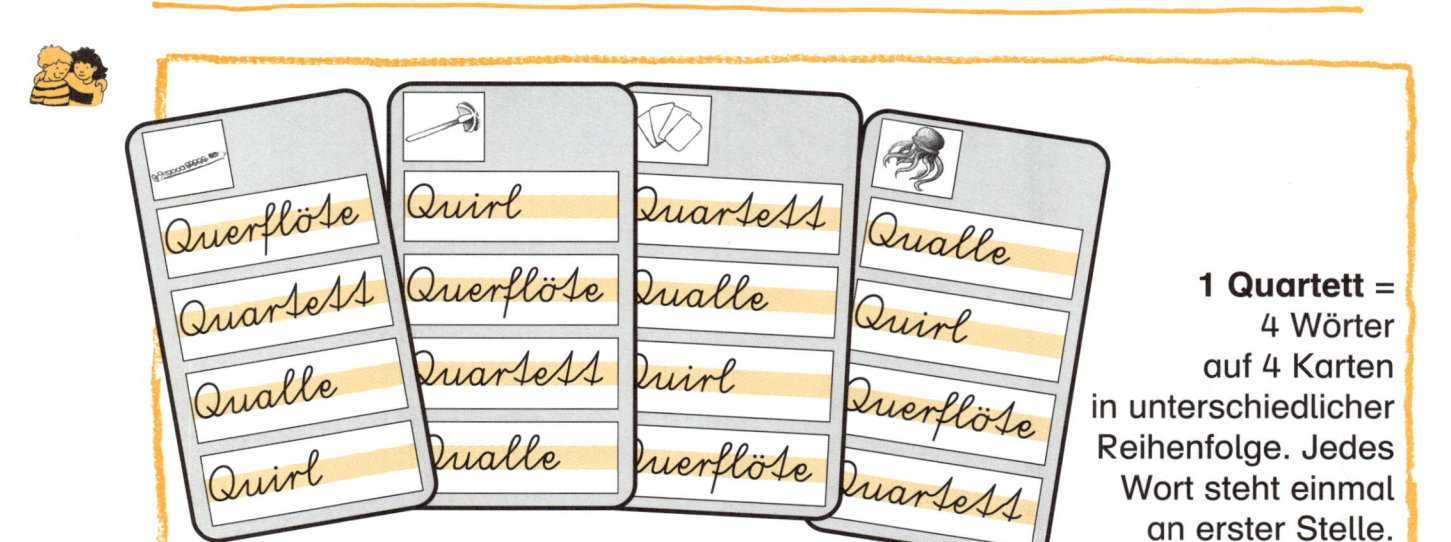

Karte 1: Querflöte, Quartett, Qualle, Quirl
Karte 2: Quirl, Querflöte, Quartett, Qualle
Karte 3: Quartett, Qualle, Quirl, Querflöte
Karte 4: Qualle, Quirl, Querflöte, Quartett

1 Quartett = 4 Wörter auf 4 Karten in unterschiedlicher Reihenfolge. Jedes Wort steht einmal an erster Stelle.

1 Beschrifte die Quartettkarten mit Namenwörtern mit Qu! Schaue im Wörterbuch nach!

Ich spreche **kw**.

Ich schreibe **Qu, qu**.

47

2 Erstelle selbst vier Quartettkarten mit qu-Wörtern!
Suche im Wörterbuch!

3 Setze passende Tunwörter mit qu ein!

Ich höre die Frösche

Die Schweine im Stall

Ungeölte Türen

An der Ampel können wir die Straße sicher

Man darf Tiere nicht

4 Bilde „Quatsch-Sätze", in denen möglichst viele Qu/qu-Wörter vorkommen!
Schreibe sie in dein Heft!

Beispiel:

Quark quetschen mit dem Quirl und dabei quatschen lässt mich quietschen.

Was tun die Kinder am Badesee?

1 Was tun die Kinder am See? Schreibe in dein Heft, was du entdeckst!
Male die Kinder aus, über die du schreibst!

2 Schreibe passende Tunwörter in die Zeilen! Suche sie im Wörterbuch!

Das tun die Kinder im Wasser und auf dem See:

baden

Das tun die Kinder am Ufer auf der Wiese:

Tunwörter finde ich in der **Grundform** im Wörterbuch.

49

3 Schreibe die Tunwörter zu diesen Bildern auf!
Verwende das Wörterbuch!

Grundform	er-, sie-, es-Form

4 Markiere bei den Tunwörtern von Aufgabe 3 den Wortstamm und die Endung mit verschiedenen Farben!

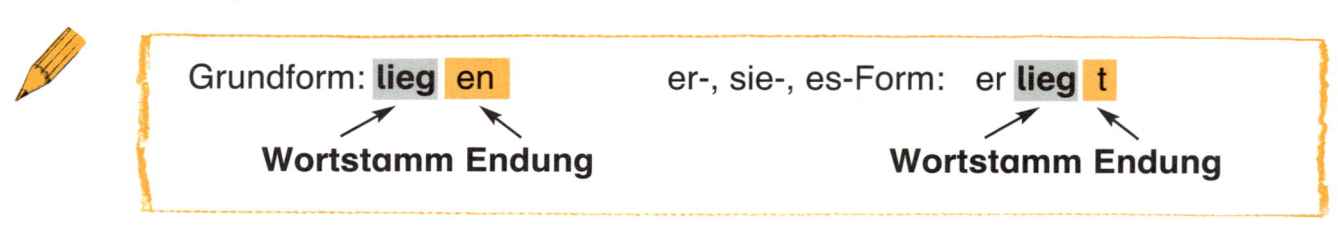

Grundform: **lieg en**   er-, sie-, es-Form: er **lieg t**
↗ ↖   ↗ ↖
Wortstamm Endung   **Wortstamm Endung**

5 Male die Fische mit dem gleichen Wortstamm in derselben Farbe aus!
Schreibe die Tunwörter in der Grundform in die Zeilen!

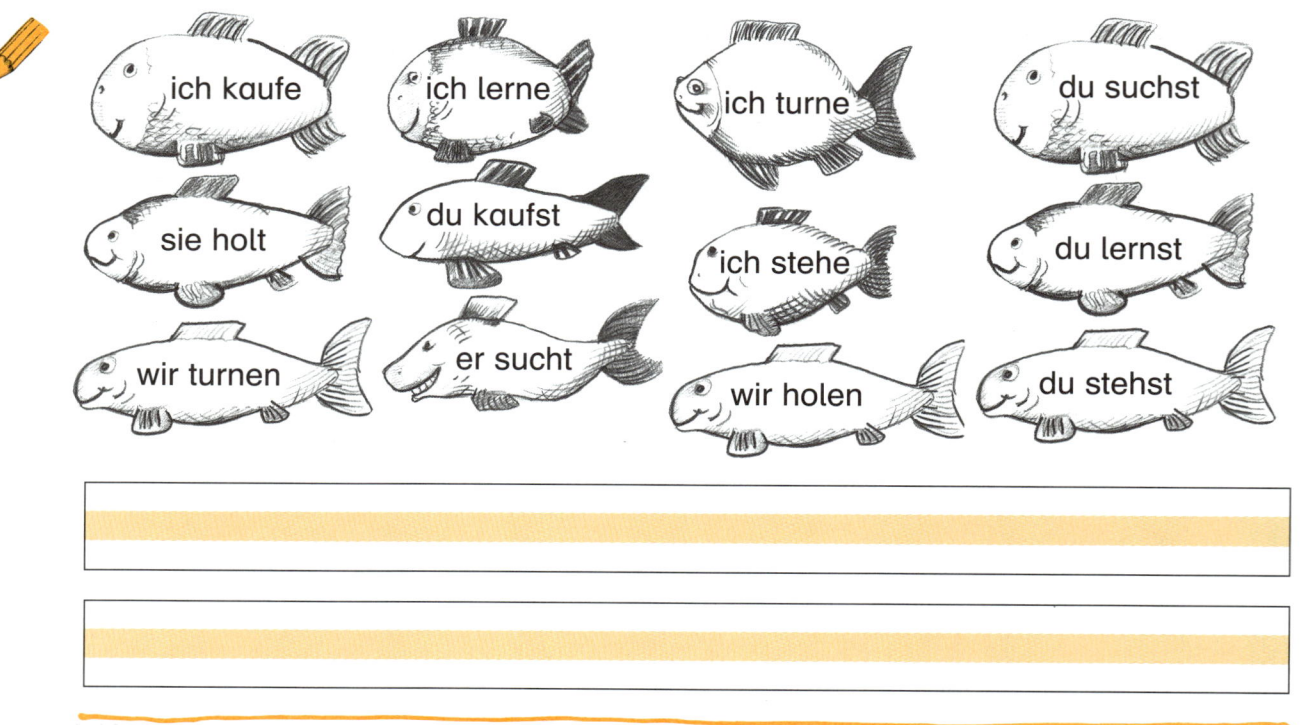

ich kaufe   ich lerne   ich turne   du suchst
sie holt   du kaufst   ich stehe   du lernst
wir turnen   er sucht   wir holen   du stehst

50

6

Suche die Tunwörter heraus und unterstreiche sie farbig!
Ordne sie in die richtigen Spalten ein!

„Kennst du das Spiel Montagsmaler?",
fragt Marina.
„Nein, ich kenne es nicht", antwortet Simon.
„Na, dann erkläre ich es dir", sagt Marina.
„Wir brauchen nur einen glatten Boden aus
Sand und einen kleinen Ast. Ich denke mir
einen Gegenstand aus und male ihn in den Sand. Du rätst,
was ich male. Danach malst du und ich rate", sagt Marina.
„Oh ja, das spielen wir!", ruft Simon.

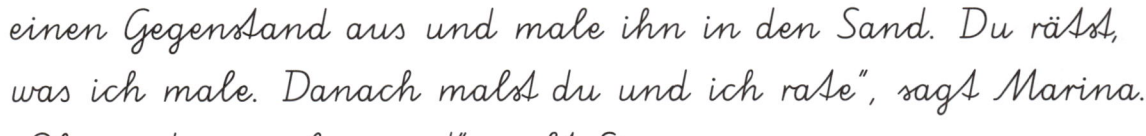

ich	du	er / sie / es	wir

7

Markiere in der Tabelle Wortstamm und Endungen mit verschiedenen Farben!
Ergänze die Tabelle!

8

Schreibe die Tunwörter in der ich-, du-, er- / sie- / es-, wir-Form in dein Heft!

ich	schwimm	e
du	tauch	st
er/sie/es	mal	t
wir	spiel	en

Bist du ein schlauer Fuchs?

Wir lösen Tierrätsel **Lösungen:**

1. Mein Tier hat bunte Federn, einen kräftigen Schnabel und einen langen Schwanz.

2. Mein Tier hat lange Krallen, grüne Augen und ein weiches Fell.

3. Mein Tier hat eine graue Haut, weiße Stoßzähne und einen langen Rüssel.

1 Kennst du diese Tiere?
Schreibe die Namen der Tiere auf!

2 Stelle zum ersten Tier drei Fragen! Gib die richtigen Antworten!
Unterstreiche das Wiewort in jeder Antwort farbig!

Wie sind die Federn?

Die Federn sind

Wie

3 Schreibe auch zu den anderen beiden Tieren Fragen und Antworten in dein Heft und unterstreiche die Wiewörter farbig!

> **Wiewörter** sagen mir, wie etwas aussieht oder wie etwas ist. Wiewörter schreibe ich **klein**.

4 Wie können diese Körperteile aussehen? Schreibe die Wiewörter auf!
Verwende das Wörterbuch!

der Schnabel   der Schwanz   das Fell

5 Bilde mit diesen Wiewörtern Sätze! Beispiel:

Der Hund hat ein weiches Fell.

> Jedes Wiewort kann zwischen dem Namenwort und seinem Begleiter stehen: ein **langer** Schnabel, das **weiche** Fell, …

6 Erfinde selbst Tierrätsel und schreibe sie auf Karten!
Diese Wörter helfen dir dabei:
schnell, ruhig, munter, schwarz, zahm, braun, gehorsam, kuschelig, gefleckt, kurz, lang, dick, dünn, weiß

Suchbild

Schau genau!

Wovon gibt es mehrere?

1 Was erkennst du? Spure die Umrisse mit verschiedenen Farben nach!
Schreibe die Namenwörter mit Begleiter in der Einzahl und in der Mehrzahl auf!
Kontrolliere mit dem Wörterbuch!

Einzahl	Mehrzahl

Hier höre ich am Wortende in der Einzahl „t", schreibe aber „d".

Ich setze das Wort in die Mehrzahl.

2 Suche zu jedem Wort in der Einzahl das richtige Wort in der Mehrzahl und male beide mit derselben Farbe aus!
Schreibe die neun Wortpaare in dein Heft und markiere d!

Beispiel: *das Bad - die Bäder*

W	L	F	F	R	U	B	E	B	A	D	R	S	T	W	R
E	G	I	R	E	K	Ä	D	G	H	W	A	L	D	I	P
F	F	R	E	U	N	D	A	G	W	Ä	K	I	L	N	F
E	X	C	U	V	B	E	B	E	Ä	L	G	E	L	D	E
A	B	E	N	D	N	R	E	L	N	D	M	D	W	E	L
W	A	N	D	R	W	I	N	D	D	E	E	E	T	U	D
Ä	L	I	E	D	P	Ü	D	E	E	R	O	R	Z	I	E
W	E	F	H	G	F	D	E	R	S	F	E	L	D	P	R

3 Schreibe die Antworten zu den Fragen in Sätzen auf!

Wo hängt das Bild?

Was siehst du auf dem Bild an der Wand?

Wer sitzt auf der Bank?

Wer liegt unter der Bank?

Im Uhrenmuseum

Viele Uhren ...

1 Sanduhr
2 Telleruhr
3 Sonnenuhr
4 Wasseruhr
5 Kerzenuhr
6 Küchenuhr
7 Pendeluhr
8 Taschenuhr

1 Schreibe die Namen der Uhren auf!
Zerlege sie in die beiden Namenwörter, aus denen sie bestehen!

die Kerzenuhr →	die Kerze	die Uhr
→		
→		
→		
→		
→		
→		
→		

Zusammengesetzte Namenwörter kann ich zerlegen.

2 Bilde sinnvolle zusammengesetzte Namenwörter und schreibe sie mit Begleiter auf! Setze Silbenbögen darunter! Markiere die schwierigen Stellen farbig!

Zeit		Werk
Macher		Glas
Kette		Zeiger

die Uhrzeit

3 Was sind das für Uhren? Die Lösungswörter bestehen hier sogar aus drei Namenwörtern. Schreibe sie mit Begleiter auf! Setze Silbenbögen darunter!

Diese Uhr trägt man mit einem Band am Arm:

Das ist die Uhr am Rathaus:

Diese Uhr ist hoch oben am Kirchturm zu sehen:

Und das ist die Uhr in unserem Klassenzimmer:

Ich übe Wörter aus dem Grundwortschatz

- Ich suche Wörter mit **ei** oder **au**,
  zum Beispiel mit dem Anfangsbuchstaben **L l**: leicht, leise ... - laufen, laut ...

- Ich suche Wörter mit **ä**, **ö**, **ü**,
  zum Beispiel mit dem Anfangsbuchstaben **K k**: Käfer, Kälte, können, ... Kühe

- Ich suche das **längste** und das **kürzeste Wort**,
  zum Beispiel mit dem Anfangsbuchstaben **T t**: Tag, Tee - Thermometer

- Ich sortiere Wörter nach der **Zahl der Buchstaben**,
  zum Beispiel die Wörter mit dem Anfangsbuchstaben **O o**:
  Ohr - Obst - Onkel - Ostern - Oktober

- Ich suche Wörter mit **zwei oder mehr Silben**,
  zum Beispiel mit dem Anfangsbuchstaben **J j**: Januar - Juli - Junge - Juni

- Ich suche **Namenwörter**,
  zum Beispiel mit dem Anfangsbuchstaben **E**:
  das Ei - die Eier, die Eltern, das Ende ...

- Ich suche **Tunwörter**,
  zum Beispiel mit dem Anfangsbuchstaben **r**:
  rechnen - ich rechne, reden - du redest, reisen - wir reisen ...

- Ich lasse mir von meinem Partner fünf Wörter aus der Wörterliste **diktieren**. Dann schaue ich in der Wörterliste nach und kontrolliere.

> Denke dir weitere Möglichkeiten aus, wie du üben kannst!

Grundwortschatz für die Jahrgangsstufen 1 und 2

A a
Abend, Abende
acht
alle, alles
alt, älter
Ampel
antworten
Apfel, Äpfel
April
arbeiten
Arm
Ast, Äste
Aufgabe
Auge
August
Auto

B b
Baby
baden
Ball, Bälle
Bank
Bauch, Bäuche
bauen
Baum, Bäume
Bein
bewegen, bewegt
bezahlen
Biene
Bild, Bilder
Birne
bitten
Blatt, Blätter
blau
bleiben, bleibt
Blume
blühen, blüht
Blüte
Boden
böse

braun
bringen, bringt
Brot, Brötchen
Brief
Bruder
Buch
bunt
Busch

C c
Cent
Christbaum
Computer

D d
danken
denken
Dezember
Dienstag
Donnerstag
drei
dunkel

E e
Ei, Eier
eins
elf
Eltern
Ende
eng
Ente
Erde
essen, isst
Eule
Euro

F f
fahren, fährt
fallen, fällt
Familie

fangen, fängt
Februar
fein
Feld, Felder
Fenster
finden
Finger
fliegen, fliegt
Flügel
flüssig
fragen, fragt
Frau
Freitag
fremd, Fremde
freuen, Freude
Freund, Freundin
frisch
Frucht
Frühling
füllen, Füller
fünf
Fuß

G g
Garten
geben, gibt
gehen, geht
gelb, gelbe
Geld, Gelder
Gemüse
Gesicht
gestern
gesund, gesunde
Gras, Gräser
groß, größer
grün
gut

H h
Haare
haben, hat
Hals
halten, hält
Hand, Hände
hart, härter
Hase
Haus, Häuser
Haut, Häute
Hecke
heiß
heißen
helfen, hilft
Hilfe
hell
Hemd, Hemden
Herbst
Herr
heute
Hexe
Himmel
hören
Hose
Hund, Hunde
hundert

I i
Igel

J j
Jahr
Januar
Juli
Junge
Juni

K k
Käfer
Kalender
kalt, Kälte
Katze
kaufen
Kind, Kinder
Klasse
Kleid, Kleider
klein
kommen
können, kann
Kopf
Körper
krank
Kraut, Kräuter
Kuh, Kühe

L l
laufen, läuft
laut
leben, lebt
legen, legt
leicht
leise
lernen
lesen, liest
Leute
Lexikon
Licht
lieb, lieben
liegen, liegt

M m
machen
Mädchen
Mai
malen
Mann, Männer
März
Maus, Mäuse
Minute
Mittwoch
Monat
Montag
morgen
Mund, Münder
müssen, muss
Mutter

N n
Nacht, Nächte
Name
Nase
Nebel
nehmen, nimmt
neu
neun
November

O o
Obst
Ohr
Oktober
Onkel
Ostern

P p
Papier
Pferd, Pferde
pflanzen
pflegen, pflegt
Pizza
Platz, Plätze
Pommes
Puppe

Qu qu
quaken
Quadrat

R r
Raupe
rechnen

reden
Regen
reich
reisen
Rock
rollen
rot
Rücken
rufen

S s
Saft, Säfte
sagen, sagt
Salz
Samstag
Sand, sandig
Satz, Sätze
schauen
scheinen
Schere
schlafen, schläft
schlagen, schlägt
Schmetterling
Schnee
schneiden
schnell
schön
schreiben, schreibt
schreien
Schuh, Schuhe
Schule
schwarz
Schwester
sechs
sehen, sieht
Seife
Sekunde
September
sieben
singen, singt
sitzen, sitzt

Sohn
sollen
Sommer
Sonne
Sonntag
Spagetti
sparen
spielen
Sport
Stängel, Stange
stehen, steht
stellen
Stift
still
Stirn
Strauch, Sträucher
Stunde
suchen

T t
Tag, Tage
Tante
Tasche
Teddy
Tee
Telefon
Temperatur
Thermometer
Tier
Tochter
tragen, trägt
trinken
turnen

U u
üben, übt
Uhr

V v
Vater
Verkehr

versuchen
vier
Vogel

W w
warm, Wärme
warten
waschen, wäscht
Wasser
Weg, Wege
Weihnachten
weiß
weit
werden, wird
Wetter
Wiese
Wind, Winde
Winter
Woche
wohnen
wollen, will
Wort
wünschen
Wurzel

Z z
Zahl, zählen
Zahn, Zähne
Zehe
zehn
zeigen, zeigt
Zeit
Zimmer
Zucker
zwei
Zwiebel
zwölf

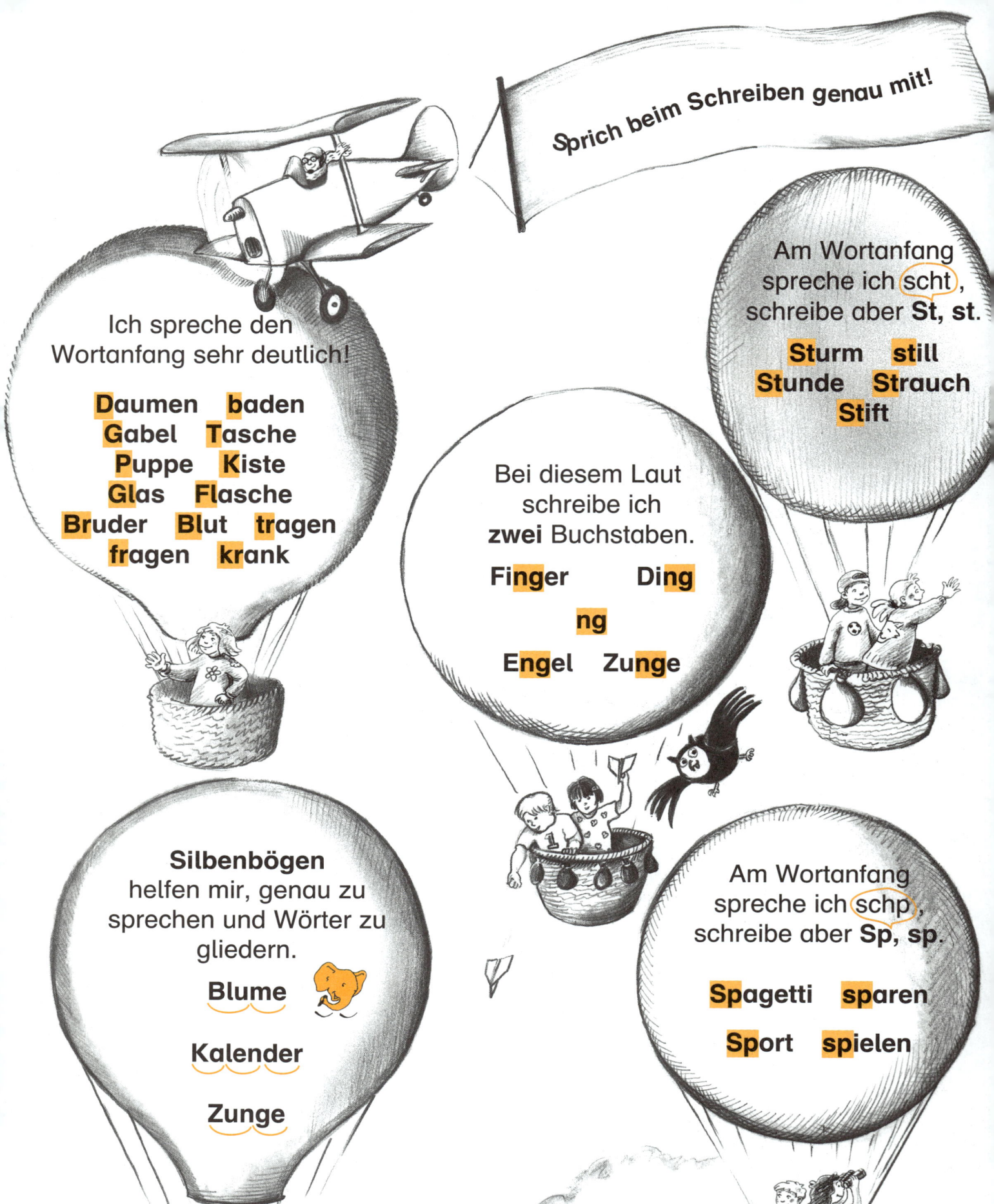

Sprich beim Schreiben genau mit!

Ich spreche den Wortanfang sehr deutlich!

Daumen **b**aden
Gabel **T**asche
Puppe **K**iste
Glas **Fl**asche
Bruder **Bl**ut **tr**agen
fragen **kr**ank

Am Wortanfang spreche ich (scht), schreibe aber **St, st**.

Sturm **st**ill
Stunde **St**rauch
Stift

Bei diesem Laut schreibe ich **zwei** Buchstaben.

Fi**ng**er Di**ng**

ng

E**ng**el Zu**ng**e

Silbenbögen helfen mir, genau zu sprechen und Wörter zu gliedern.

Blume
Kalender
Zunge

Am Wortanfang spreche ich (schp), schreibe aber **Sp, sp**.

Spagetti **sp**aren
Sport **sp**ielen

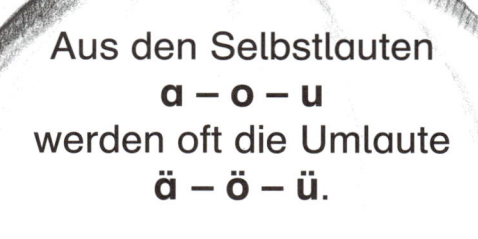

Aus den Selbstlauten
a – o – u
werden oft die Umlaute
ä – ö – ü.

H**a**nd   K**o**pf   B**u**ch
↓   ↓   ↓
H**ä**nde K**ö**pfe B**ü**cher

Beim Schreiben von
äu-Wörtern suche ich
mir verwandte
au-Wörter.

H**äu**ser   sch**äu**men
↓   ↓
H**au**s   Sch**au**m

Ich spreche (kw)
und schreibe **Qu, qu**.

Quelle   **Qu**adrat
quaken   **qu**er

Bei betontem
langem i-Laut schreibe
ich meistens **ie**!

b**ie**gen
R**ie**se
s**ie**ben
d**ie**se

Eu/eu-Wörter kann ich
nicht ableiten.

Eule   F**eu**er
Fr**eu**de
Fr**eu**nd   fr**eu**en

Diese Wörter muss
ich mir merken!

⚠ T**i**ger   B**i**bel   w**i**r
d**i**r   F**i**bel

ihr   **ih**n   **ih**m   **ih**nen

Wortarten

Namenwörter sind Namen für **Menschen, Tiere, Pflanzen** und **Dinge.**

Kind   Katze

Baum

Tasche

Namenwörter haben einen **Begleiter**:

der – die – das

ein – eine

Tunwörter sagen, was Menschen, Tiere, Pflanzen und Dinge **tun.**

fliegen – er **fliegt**

Grundform   **gebeugte Form**

Namenwörter können in der **Einzahl** und **Mehrzahl** stehen.

das Kind – die Kinder

der Baum – die Bäume

Namenwörter schreibe ich **groß.**

Wiewörter sagen, **wie** Menschen, Tiere, Pflanzen und Dinge sind.

der **rote** Ball

Der Ball ist **rot.**

Zusammengesetzte Namenwörter kann ich **zerlegen.**

Luftballon
Luft   Ballon

Schulkinder
Schule   Kinder